教育部人文社会科学重点研究基地重庆工商大学长江上游经济研究中心
"三峡库区百万移民安稳致富国家战略"服务国家特殊需求博士人才培养项目
国家一流专业建设项目
重庆市高校哲学社会科学协同创新团队和重庆市研究生智能金融导师团队项目

政府与社会资本合作（PPP）投融资模式审计研究

ZHENGFU YU SHEHUI ZIBEN HEZUO
(PPP)TOURONGZI MOSHI SHENJI YANJIU

靳景玉 黄辉 秦曾 廉然 著

中国财经出版传媒集团
经济科学出版社
Economic Science Press

图书在版编目（CIP）数据

政府与社会资本合作（PPP）投融资模式审计研究/
靳景玉等著 . -- 北京：经济科学出版社，2022.12
ISBN 978 - 7 - 5218 - 2254 - 0

Ⅰ.①政… Ⅱ.①靳… Ⅲ.①政府投资 - 合作 - 社会
资本 - 财务审计 - 研究 - 中国 Ⅳ.①F832.48②F2

中国国家版本馆 CIP 数据核字（2023）第 012237 号

责任编辑：刘　莎
责任校对：齐　杰
责任印制：邱　天

政府与社会资本合作（PPP）投融资模式审计研究
靳景玉　黄辉　秦曾　廉然　著
经济科学出版社出版、发行　新华书店经销
社址：北京市海淀区阜成路甲 28 号　邮编：100142
总编部电话：010 - 88191217　发行部电话：010 - 88191522
网址：www. esp. com. cn
电子邮箱：esp@ esp. com. cn
天猫网店：经济科学出版社旗舰店
网址：http：//jjkxcbs. tmall. com
固安华明印业有限公司印装
710 × 1000　16 开　14.75 印张　260000 字
2022 年 12 月第 1 版　2022 年 12 月第 1 次印刷
ISBN 978 - 7 - 5218 - 2254 - 0　定价：72.00 元
（图书出现印装问题，本社负责调换。电话：010 - 88191510）
（版权所有　侵权必究　打击盗版　举报热线：010 - 88191661
QQ：2242791300　营销中心电话：010 - 88191537
电子邮箱：dbts@ esp. com. cn）

序

为解决政府建设资金不足、激发民间投资活力，我国政府借鉴国外经验，开始在公共服务、资源环境、生态建设、基础设施等重点领域引入和推广政府与社会资本合作（PPP）模式，并取得了重大成绩。PPP（Public - Private Partnership）模式，即政府和社会资本合作，是当今政府主导公共基础设施项目的重要运作模式。该模式鼓励私营企业、民营资本与政府进行合作，参与公共基础设施的建设。其积极意义在于，政府公共部门与私营部门密切合作，让非公共部门所掌握的资源参与提供公共产品和服务，从而实现合作各方均实现比预期单独行动更为有利有益的结果。

因而PPP模式的运作，就是政府与社会资本为提供公共产品或服务而建立的全过程合作。其中政府部门负责公共产品或服务的价格和质量监管，以保证公共效益最大化；社会资本则承担设计、建设、运营、维护等工作，并获得合理回报。这种合作双方的诉求不同，显然会影响PPP项目的合作效率：政府追求公共效益最大和资源配置最优，社会资本则追求尽可能短期实现的经济利益最大。如何在公共效益和经济利益之间找准其平衡点，是PPP模式健康发展中亟待解决的重要问题之一。因此，针对PPP模式中公共基础设施建设中的监督与审计，即为平衡公共效益和经济利益的必要手段。为加强公共投资建设项目的审计监督，规范PPP项目管理行为、促进提高投资效益，既有必要针对PPP工程项目进行审计，也有必要针对PPP模式下公共基础设施建设工程审计进行系统研究、深入分析。

事实上，PPP模式已经在我国实践多年，但在其审计及运行过程中出现了一些困难和问题，一是缺乏规范的审计流程；二是配套的审计相关法律法规制度不完善；三是审计介入时间点模糊与审计重点不明确；四是缺乏PPP投融资审批和操作的专业性人才；五是参与PPP项目资本性质影响了审计过程中的公正合理性；六是政府部门对 PPP 投融资项目的审计工作重视程度不够；等等。有鉴于此，本书在梳理 PPP 模式起源、发展现状、存在问题的基础上，围绕 PPP 项目基本要件和审计重点，通过实例介绍通过审计手段发现问题的方法、步骤和过程，分析产生问题的原因，借鉴国际上 PPP 审计先进经验，从公共投资审计视角出发，系统性剖析当前 PPP 审计面临的机遇和挑战，探索回答 PPP 审计应该"审什么""怎么审"，并提出相应建议。

本书由靳景玉、黄辉进行统筹、审定和总撰。章节具体分工为：第 1 章由何青峰、寇加佳承担；第 2 章由靳景玉、齐应昌、陈媛承担；第 3 章由靳景玉、罗莹莹、田军浩承担；第 4 章由靳景玉、苏苗、晏琳承担；第 5 章由黄辉、李子婧承担；第 6 章由黄辉、李啸承担；第 7 章由廉然、杨雄承担；第 8 章由靳景玉、鲜雨彤、向慎承担；第 9 章由靳景玉、李超、张媛媛承担；第 10 章由秦曾、张媛媛、陈家家承担。

作为一本专著，我们的工作到此告一段落，但作为对 PPP 项目研究的热心探索者，我们的工作才刚刚开始，我们将以更加努力的工作来回报所有的老师、同学、朋友和同事们的帮助和鼓励，回报所有对我们关爱的人，包括本书中所提到的和没有提到的相关研究领域内的前辈们。

本书的出版并不意味着研究工作的结束。在本书定稿时，作者仍然感觉到许多问题尚未得以深入讨论，需要今后进一步研究；书中肯定还有不少缺点和不足，恳请学术界同行和广大读者给予指正和批评，不吝赐教。在参考文献中，限于篇幅未能列出论文部分，还望同仁给予谅解。

目录

第 1 章

绪 论

1.1 研究背景

为解决政府建设资金不足、激发民间投资活力，我国政府借鉴国外经验，开始在公共服务、生态建设、资源环境、基础设施等领域引入和推广政府与社会资本合作（PPP）模式，并取得了重大成绩。特别是近年来，PPP模式在交通运输、市政工程等相关行业迅速推广，数量和规模都呈现了爆发式增长。根据《全国PPP综合信息平台管理库项目2021年2月报》统计数据显示，2014~2021年，累计入库项目10 033个，投资金额高达15.5万亿元；累计落地7 198个项目，投资额约为11.7万亿元，落地率达到71.7%。中国成为全球PPP第一大国。但与此同时，PPP模式在顶层设计、实际操作过程中还存在着诸多问题。

在我国，财政部将PPP译为"政府和社会资本合作模式"。通常，PPP在我国呈现的是政府与社会资本为提供公共产品或服务而建立的全过程合作关系，政府部门主要负责公共产品或服务的价格和质量监管，以保证最大化公共利益；而社会资本则在设计、建设、运营、维护等方面贡献力量，并通过"使用者付费"及必要的"政府付费"两种方式来获得合理投资回报。立足国内外实践，借鉴海外的成功经验，并将PPP模式推广到更多公共项目建设，是国家确定的重大经济改革任务。这一举动对加快现代化建设、构建现代财政制度、提升国家治理能力等方面具有重要意义。

我国的 PPP 项目在实践过程中，项目审计自始是一个难点问题。PPP 项目是政府和民间资本合作共赢的模式创新，不仅能提高公共资源的利用效率、减轻政府的债务压力，而且还能为民间资本提供投资渠道，分散其投资风险。但合作双方的诉求不同可能会影响 PPP 项目的合作效率，政府追求公共效应的最大和资源配置最优，而企业则追求经济利润最大。这种诉求差异会导致 PPP 项目偏离其设计意图，如何在公共效益和经济利益之间找准平衡点是 PPP 模式亟待解决的问题。通常造成审计效率问题的原因主要有以下几点：首先，PPP 项目的合作形式多样，不同 PPP 项目的审计工作因其项目特征而各具差异，在审计内容和审计侧重点上有明显的不同。其次，PPP 项目的发展还未成熟，其他环节的问题也可能会造成审计工作难以高效准确。最后，PPP 项目的审计工作未得到充分重视，审计监管方面存在的问题主要集中在监管空缺或监管不力等，导致 PPP 项目审计的核心作用难以发挥。

PPP 模式建设项目基本的活动是将公共工程项目以关系型契约方式，从组织项目实施到最终移交的全过程。根据国家审计监督的职责定位，理应将 PPP 模式项目建设内容纳入 PPP 项目审计的范围，但 PPP 模式项目建设的审计监督目前没有得到法定授权，不同地区在是否对项目进行审计监督上有不同的做法。国家审计监督在 PPP 项目规范运作中发挥着重要作用。如果缺乏有效的审计监督机制，社会公众利益可能因成本增加和效益减少而受到侵犯。目前，我国 PPP 项目建设的相关制度环境和管理体系尚不成熟，有待进一步完善，对其审计监督与相应管理较低的协调性不仅降低了双方合作的效率，更使该模式的推广应用形成了一定的阻碍。因此，我们有必要深入探讨 PPP 投融资模式的审计问题及相应的解决方案。

1.2 问题提出

PPP 体制结合了政府信用和社会资本效率的优势，利用市场机制提高公共资源的使用效率和效益，实现政府公共部门的职能，同时造福于社会资本。伙伴关系、利益共享和风险共享是 PPP 制度的三个重要特征。由于在 PPP 项目中，政府将提供服务的日常控制权授予私营部门，可能会导致

"道德风险"和"逆向选择"，因此从政府和公众利益的保障、实现及项目绩效出发，需要实施对 PPP 项目的审计监督。

PPP 模式让部分应由政府承担的责任，以特许经营权的方式转移给企业，政府与企业建立起"风险共担、利益共享、全程合作"的共同体关系，这样政府在财政负担减轻的同时也缓解了社会主体的投资风险。但事实上，PPP 模式已经在我国实践多年，但在其审计及运行过程中出现了一些困难和问题，主要体现在以下几个方面。

一是缺乏标准化的审计程序。长期以来，我国市政工程项目的审计工作是被动进行的，往往在问题发生后才予以解决，导致审计工作失去实效，这在大型的市政工程项目中属于常态。而 PPP 模式下的市政公共工程审计能够较好地避免这一问题。在 PPP 模式下的市政公共工程审计中，施工单位为了保护自身的利益，会提前严格检查可能存在的施工问题，减少了施工过程中出现问题的可能。我国目前没有统一的审计标准。不同的审计机构和审计师可能采用不同的审计评价标准，这些标准相对随意，缺乏全面、系统的定量和定性指标，将审计评价与实际相分离，无法保证审计质量。所以，应该先对工程项目的风险进行预估，再对 PPP 模式下的市政工程项目审计制定规范的审计流程。

二是 PPP 投融资活动中面临着较大的政策风险，配套的审计相关法律法规制度不完善。这主要是因为财政部和发展改革委对 PPP 定义、界定范围、推广思路存在明显分歧。如在推广思路上，财政部从化解地方政府债务风险、严格控制 PPP 项目的质量出发，侧重于项目效益和防范财政风险；发展改革委则从"稳增长"出发，侧重于项目落实、推进，确保经济增长。另外，PPP 项目的政策不确定性较大，一些地区的政府过度追求"招商引资"、债务负担沉重，企业面临政府单方面修改、解除合同权等"特权"的风险。PPP 项目核心具有多样化特征。此外，参与合作的主体众多，加之现有的审计制度暂未标准化，导致同一项目的审计过程不同，这就可能会导致同一项目因分开审计而造成审计遗漏。目前跟踪审计方法在投资审计领域中采用得最广，但在基层审计机关受各种因素的制约难以有效开展。受委托的社会中介机构仅能对工程造价进行审核，审计过于表面，而在项目建设过程中违法违规或不按基建程序办事的事实并未被披露出来，这就造成审计深度欠缺，不能发现较深层次的问题。同时，我国

PPP 项目的绩效审计没有用明确的法律法规作为依据。PPP 项目的绩效审计在中国尚处于起步阶段，没有专门的法律法规或标准来验证绩效，缺乏统一的审计方法和技术指导以及调查、监督、设计和有关人员单位的问责制度，致使审计执法的法律依据缺位，使审计人员在调查取证、收集资料过程中陷入窘境。

三是 PPP 项目的审计介入时间与审计侧重点不明确。整个 PPP 项目运作过程包括 5 个阶段，即项目识别、准备、采购、执行和建立。目前，立法中没有对审计机构在审查项目的时间方面作出明确和综合的规定，这导致审计质量参差不齐。通过对以往项目实际审计情况的统计监测，可以发现审计机关对项目的审计周期主要集中在项目开始或结束时。PPP 项目具有投资大、周期长、控制环节多的特点。当前审计机关多以工程造价竣工结算的审计模式为主，而对项目决策、立项等事前审计存在缺位，对项目建设过程中的事中监控力度较轻，无法完成全过程审计。另外，项目审计对 PPP 项目的绩效评价缺位，难以规范政府投资领域的建设管理、市场运作，也无法为政府提供完善的投资决策依据。审计时间过晚，若 PPP 项目的前三个阶段出现问题，很有可能因为审计不及时，导致问题整改迟缓，最后降低整个项目的效率。

四是缺乏 PPP 投融资审批和操作的专业性人才。在 PPP 项目的审计过程中，面临的最现实的一个问题就是审计人员角色定位以及复合型专业性的审计人才短缺。目前的审计咨询单位的资质普遍还是以挂靠为主，且审计人员通常没有专业的审计资格，PPP 项目的审计过程无法由专业的审计人员进行跟踪，导致了审计不科学的现象发生。如今公众对审计意见的依赖程度不断加大，审计意见影响越来越大，审计职能也不断延伸，从事后的监督扩展到项目全过程的监督，审计对象也更为复杂多元，审计内容日益广泛。这一方面促进了审计事业的发展，另一方面也增加了审计风险。我国审计人员人际资源建设相对薄弱，专业上也不够精通全面，从而影响了政府投资评审机构职能的充分有效发挥。PPP 投融资模式操作复杂，需要精通经济、合同管理、法律、财务和专业技术等方面的人才，而我国缺少能够按国际管理进行工程项目管理的人才，因此需要加大复合型人才的培养力度，增强私营企业或外商的投资信心。

五是参与 PPP 项目资本的性质影响了审计过程中的公正合理性。PPP

项目的投资商以央企和国企占主导地位，真正的民资还没有投入，偏离了PPP 项目的政策初衷。据财政部政府和社会资本合作中心管理库数据统计，至 2019 年 6 月末，我国 PPP 项目入库数量超 9 000 个，入库金额 3 亿元，国有企业与民营企业占比在已落地的 5 747 个项目中分别占 51.5% 与34.8%。过多的国有资本加入 PPP 项目本身就不仅违背了 PPP 项目激活民间资本投资、缓解政府债务压力的初衷，并且国有资本加入使在项目的审计过程中可能会因为监管套利等，影响 PPP 项目的财政资金使用效率。一方面，地方政府投资建设的项目多，涉及各个行业和领域，在地方推行了PPP 项目必审制后，必然使得审计机关的工作任务繁重。另一方面，近年来审计机关不仅需要完成既定的工作任务，还要处理临时增加的工作，使得审计人员工作量不断增加。这些都导致审计人员难以保证审计质量。

六是政府部门对 PPP 投融资项目的认识还不够清晰，对项目进行审计时目标不明确，对项目审计工作重视程度不够。很多地方政府认为 PPP 只是政府融资的一种手段，但其实 PPP 模式的核心是利用社会资本的技术、经验、人才等资源，解决如何"做好"公共工程项目的问题。其中审计的目的是保证项目资金合理使用，避免公共资源被浪费，同时确保工程项目等顺利进行。部分地方政府对 PPP 模式心理准备不足，仍把重点放在缓解债务压力上，甚至想通过包装 PPP 项目来争取上级部门的支持，导致真正签约落地的项目少。当前我国部分审计机关仍未意识到事前审计的重要性，对项目的事前监督力度不够，无法及时纠正在审计过程中所发现的问题，可能因投资决策失误而造成重复投资、投资效益不高等问题。

1.3 研究内容

本书在梳理 PPP 模式起源、发展现状、存在问题的基础上，借鉴国际上 PPP 审计先进经验，从公共投资审计视角出发，剖析当前 PPP 审计面临的机遇和挑战，探索回答 PPP 审计应该"审什么""怎么审"的问题，并提出相应建议。本书后面章节的安排如下。

第 2 章为文献综述。主要是对 PPP 模式相关的国内外研究成果和文献进行系统梳理。分别对 PPP 模式的概念起源、PPP 模式的资产证券化、

PPP 模式的风险分担机制、PPP 项目的审计等方面的研究文献进行系统梳理，较为全面地展示了目前学术界对 PPP 模式的相关研究成果。在对前人研究整理的基础上，进行一定的研究评述。

第 3 章为理论基础与制度背景。首先，对 PPP 模式涉及的基础理论进行梳理，分别从投资、融资、内部控制和风险管理等方面，对涉及的相关理论原理进行阐述。其次，按时间顺序对 PPP 模式在我国推行实施的相关制度背景进行详细阐述，以便给读者展示出我国 PPP 模式相关政策制定的发展脉络。

第 4 章为 PPP 投融资模式分析。第一部分是对 PPP 模式的投融资模式及特点作详细阐述，并把 PPP 的各种投融资模式作陈列比较，完整地展示了 PPP 模式现有的投融资模式。第二部分是对我国 PPP 模式融资规模、行业分布、融资模式选择的统计数据进行描述梳理，从整体上展示我国 PPP 项目的投融资情况。第三部分则对重庆市的 PPP 项目投融资情况作进一步的细致分析，较为详细地描述出重庆市在 PPP 项目上的投融资情况。然后对重庆市的 PPP 投融资进行细致的分析总结和特点归纳。最后根据分析总结情况对重庆市 PPP 项目的投融资情况存在的问题进行阐述，并提出相应的改进建议。

第 5 章为 PPP 投融资模式审计情况。本章依次分析了 PPP 投融资模式审计的特征、基本的审计流程、审计要求和标准。同时对审计涉及的相关理论进行梳理，还对不同投融资模式的审计作对比分析。

第 6 章为重庆市 PPP 投融资模式审计分析。本章继第五章的分析后，在对 PPP 投融资模式的整体分析的基础上，对重庆市 PPP 项目投融资模式审计进行精细的梳理并展示审计细节。本章结合重庆市实际的 PPP 项目案例分析，并用理论知识进行分析，发现其中存在的问题。

第 7 章为重庆市 PPP 投融资模式审计评价。首先对主流的 PPP 投融资审计评价指标进行整理，并说明如何对 PPP 项目的审计效率进行评价。然后用相关的指标体系对重庆市 PPP 投融资模式的审计作效率评价，总结其在审计方面存在哪些问题。

第 8 章为国内外 PPP 投融资模式审计借鉴。首先对不同国家的 PPP 投融资模式审计作对比分析，分析发达国家成功审计的关键因素，并总结出国外对 PPP 投融资模式审计的成功经验以及如果将其借鉴到我国的 PPP 投融资审计中。其次对国内的 PPP 投融资审计成功案例作分析整理，总结其成功的经验。

第9章则在前文的理论分析基础上，用数据实证检验了影响 PPP 投融资审计效率的影响因素，用数据分析的结论为前面章节的理论作支撑，提高了本书研究得出的相关结论的科学性和可信度。

第10章则在前文研究成果的基础上，根据结论对我国现存的 PPP 投融资审计提出改进建议。在充分的理论依据下，对实际操作进行指导，一方面体现了本书的科学性，另一方面做到了理论与实践相结合。

本书的研究思路如图 1－1 所示。

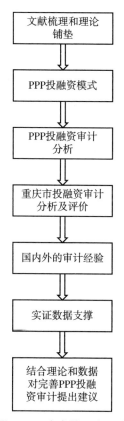

图 1－1　本书的研究思路

1.4 研 究 方 法

（1）文献研究法：通过对比各类文献间的研究内容异同性并作总结归纳，本书分别对 PPP 模式发展、PPP 投融资理论、PPP 投融资审计等相关研究文献作系统性梳理。为本书的撰写提供了理论支持，并提供了正确的写作思路。

（2）比较分析法：通过对 PPP 不同投融资模式的对比分析总结其审计特征，有利于有效地提出针对性建议。将国内外 PPP 投融资审计作比较分析，同时对国内和重庆市内的 PPP 投融资审计情况作对比分析，有助于发现 PPP 投融资中存在的审计问题，以及总结出影响 PPP 投融资审计效率的影响因素。

（3）案例分析法：通过对具体 PPP 项目的投融资审计案例进行阐述，可以更直观地展示其审计过程中的具体问题，也便于读者观察出审计流程细节上的缺陷。引用案例还有助于读者对本书理论的深入理解。

（4）实证分析法：通过数据实证对前文的理论总结进行支撑，体现了本书理论的科学性与严谨性。

第 2 章

文 献 综 述

2.1 文献统计分析

根据对国内外相关文献的收集统计，目前国内外有关 PPP 模式审计研究的文章如图 2－1 所示，为了保证所选文献的质量，中文文献选取中国知网核心期刊数据库中收录的文章。

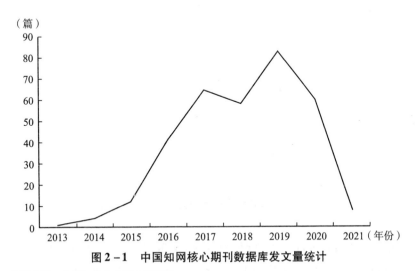

图 2－1 中国知网核心期刊数据库发文量统计

资料来源：中国知网中文核心数据库。

国内相关文献在 2017～2019 年之间关于 PPP 模式审计的研究处于高

峰，这是由于在 2015 年 4 月 21 日中华人民共和国国家发展和改革委员会、财政部、住房和城乡建设部、交通运输部、水利部和中国人民银行联合发布了《基础设施和公用事业特许经营管理办法》，鼓励和引导社会资本参与基础设施和公用事业建设运营，提高公共服务质量和效率，保护特许经营者合法权益，从国家层面鼓励 PPP 模式发展，PPP 模式在我国被提到了前所未有的高度。

为了研究国内学者对 PPP 模式审计的相关研究动态、重点与趋势，本书利用 VOSviewer 文献分析软件分别对"PPP 模式"与"审计"作关键词共线分析，文章选取自中国知网核心期刊数据库，分析结果如图 2 - 2 所示。

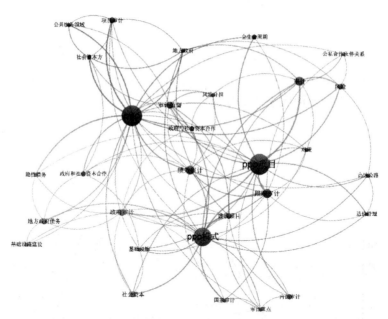

图 2 - 2　PPP 模式审计的关键词共线性分析

从有关"PPP 审计"的文献分析图谱中可以看出，国内学者对 PPP 模式审计的研究主要集中在政府审计、绩效审计以及审计监督等方面。更进一步，学者们对于 PPP 模式整体的风险分担、项目生命周期以及地方政府债务也较为关注。

2.2 文献研究现状

2.2.1 PPP 模式概念研究

为了更好地梳理关于 PPP 模式概念的相关研究，我们从三个角度进行梳理。

首先，是从公共部门与私人部门的关系出发作概念的定义，大部分机构与学者认为，PPP 指公共部门与私人部门为提供公共产品或服务而建立的各种合作关系；联合国开发计划署认为，PPP 是政府与社会资本基于公共品类型的某个项目进行的互相合作关系。欧盟和加拿大对此持有相似的看法。在欧盟，政府或者其他公共机构与社会资本在基础设施类项目上融资、建设、管理以及升级等合作被定义为 PPP；加拿大对 PPP 的定义是：政府或者公共机构与社会资本的合作经营关系。对于部分学者而言，其也持有相似观点：PPP 是政府或者公共机构与社会资本的合作，例如克里希纳（Krishna，2003）、罗姆泽克和约翰斯通（Romzek and Johnston，2005）等。不仅如此，字面信息表达也是一种合作关系，因此对于 PPP 模式而言，其含义就是政府与社会资本对于基础设施类项目的合作关系。国内学者贾康、孙洁（2009）、关书溪（2011）、邹慧宁（2011）、郑志强等（2011）、连红军（2011）、吴国方（2013）等也认为，PPP 是公共部门与私人部门在基础设施建设中通过正式协议建立起来的一种长期合作的伙伴关系。

其次，是从 PPP 实施的目的出发认识 PPP。部分机构与学者则从 PPP 模式目的角度作概念定义。美国 PPP 国家委员会定义：PPP 是介于外包与私有化之间的一种公共产品提供方式，它充分利用私人资源进行设计、建设、投资、经营和维护公共基础设施，并提供相关服务以满足公共需求。布林克霍夫（Brinkerhoff，2011）通过不同 PPP 项目的投资目的的不同将 PPP 模式项目分为五类：第一类称为政策性 PPP 模式项目，其主要目的是促进政府不同部门间的交流合作，从而面对日益严峻的全球化的挑战；第二类是具有公共服务能力的 PPP 模式项目，因为 PPP 模式会带来所有权和经营权的分离，从而提高项目的经营效率；第三类是基础设施类的 PPP 模式项目，该类 PPP 模式项目通过引入社会资本参与基础设施的建设，充分利用闲置的社会资本，提高资本利用效率；第四类是能力提升型 PPP 模式项目，通过引进社会资本，提高传统教育、医疗和农业等组织的经营管理能力；第五种类型是发展型 PPP 模式项目，通过与社会资本合作，共同推动地方经济发展，特别是对于经济欠发达地区的基础设施建设和公共服务效率提升具有显著的正向作用。姚媛媛（2011）、叶晓甦等（2011）、马君（2011）认为 PPP 模式项目的目的是公共部门和私人部门合作提供特定公共产品并提升其利用效率。

最后，是将 PPP 理解为一系列项目融资目的总称，包含 BOT（build-operate-transfer）、TOT（transfer-operate-transfer）、DBFO（design-build-finance-operate）等多种模式。一般来说，传统的研究会将基础设施建设看作一个整体，例如，城市的公共交通系统、下水管道系统、供水系统和供热系统。但在研究 PPP 模式项目时，可以将项目实施的不同环节进行拆分然后进行组合，比如，建设—转让、建设—运营—转让，以及建设—拥有—运营—转让等多种不同类型的 PPP 形式。通过拆分可以使 PPP 模式项目的目的更加明确，降低风险控制的难度，对于 PPP 模式项目的运行具有很强的实践指导意义。

2.2.2 PPP 模式项目资产证券化研究

关于 PPP 模式项目的资产证券化研究主要分为两个方面：一是关于 PPP 模式项目资产证券化产生的作用；二是 PPP 模式项目资产证券化带来的风险。

1. PPP 模式项目资产证券化产生的作用

国外学者主要认为，PPP 模式项目资产证券化可以有效利用社会闲置资本。施瓦茨（Schwarcz，2002）认为，PPP 模式资产证券化的主要作用是降低 PPP 模式的融资成本和防止资本闲置浪费。另外，PPP 模式项目资产证券化产品所产生的收益也是要高于 PPP 模式资产证券化的过程中所带来的成本。莫斯佐罗（Moszoro，2010）也认为，PPP 模式资产证券化可以有效利用闲置的社会资本，实现资本的有效配置，换句话说，PPP 模式资产证券化是对于 PPP 模式项目的再融资。而沙基罗娃（Shakirova，2017）则对于如何更好地发挥这些作用进行了研究。他认为政府发挥了主要的带动作用，可以有效提高参与 PPP 模式项目资产证券化的其他主体的参与效率。

国内学者对于 PPP 模式项目资产证券化也持赞同意见，大部分学者认为 PPP 模式项目资产证券化推动了我国的基础设施建设。朱世亮等（2015）认为，PPP 模式项目资产证券化使参与主体有了退出渠道，提高了社会资本的参与率，降低了政府短时间招标所产生的成本。由此缓解了政府在基础设施建设中产生的财政危机，推动了我国基础设施建设。赵福军（2016）则通过对比 PPP 模式项目实施资产证券化前后的差异，研究 PPP 模式项目资产证券化所带来的作用。在实施资产证券化前，PPP 模式项目主要通过金融机构融资。实施资产证券化后，参与的社会资本明显增加，显著地推动了我国基础设施的建设。

在关注 PPP 模式项目资产证券化所带来的正向效应外，部分学者也关注到 PPP 模式项目资产证券化存在的问题。陈（Chen，2015）对于 PPP 模式项目资产证券化存在的问题做了分析，他认为现阶段 PPP 模式项目资产证券化的利益分配机制和退出机制还不完善，需要建立相关机制，降低投资风险，保障投资人利益。谷美盈等（2016）在指出 PPP 模式项目资产证券化对于拓宽融资渠道的意义后，认为在实践中，如何分配 PPP 模式项目带来的收益以及特许经营权的转让问题是需要解决的问题。管清友（2017）则认为，现阶段 PPP 模式项目资产证券化产品的收益率较低且项目信息不透明。这两个缺陷导致 PPP 模式项目资产证券化产品难以吸收大量社会资本。

2. PPP 模式项目资产证券化带来的风险

除了 PPP 模式资产证券化所带来的正面效果，其带来的风险也不容忽视。

拉姆加西亚（Ramgarhia，2004）通过研究发现，英国进行 PPP 模式项目资产证券化采用了"真实控制"的模式来降低风险，"真实控制"的意思是通过该模式将基础设施的"真实"控制权转移，从而在 PPP 模式项目破产时降低损失。特瑞·莱昂斯（Terry Lyons，2010）在分析了本国的 PPP 模式项目资产证券化的案例后指出，需要重视 PPP 模式项目资产证券化后出现的新风险，要建立合理的风险分担机制来弱化资产证券化所产生的新风险。波兹萨尔（Pozsar，2013）认为 PPP 模式项目资产证券化可以区分 PPP 模式项目的优劣，再采用不同的措施对不同层次的 PPP 模式项目进行风险控制。很大程度上，PPP 模式项目资产证券化也对于 PPP 模式项目的风险控制起到了正面作用且推动了利益分配机制的建立。

侯丽等（2017）对于"新水源 PPP 资产支持专项计划"单个项目进行深入分析，PPP 模式项目资产证券化风险主要是由于相关的法律体系还不完善，导致权责不明晰，利益分配机制存在问题。邓宗俭（2017）则认为，PPP 模式项目资产证券化除了传统资产证券化的风险外，由于其参与主体多，风险则更加复杂，并提出要完善二级市场交易机制与信息披露机制。韩克勇（2017）则认为，PPP 模式项目资产证券化的风险控制应该从三个方面出发：一是 PPP 模式项目质量风险；二是 PPP 模式项目资产证券化设计风险；三是资本市场存在的风险。除此之外，国内学者也尝试建立 PPP 模式项目资产证券化风险评价体系，期望量化 PPP 模式项目资产证券化中的风险。侯玉凤（2018）通过对 5 位专家进行问卷调查，采用层次分析法将 PPP 模式项目资产证券化风险分为基础资产风险、原始权益人风险、评级风险、政策法律风险等八大风险。孙燕芳等（2019）则通过因子分析法对于 PPP 模式项目资产证券化的现金流风险进行敏感性分析。刘娅等（2019）则采用模糊评价法将 PPP 模式项目资产证券化风险分为 4 个方面，分别是环境风险、信用风险、技术风险和操作风险，并构建了一套量化风险评价体系。叶志伟和陈子然（2020）则针对环保类 PPP 模式项目资产证券化的风险进行理论分析，再将问卷调查和层次分析相结合构建环保类 PPP 模式项目资产证券化风险评价体系。

2.2.3 PPP 模式风险分担研究

关于 PPP 模式风险分担的研究，国外主要集中在 PPP 模式风险分担的概念定义、PPP 模式风险的分类以及通过分析具体的案例提出风险分担原则。

首先，对于 PPP 模式风险分担的概念界定。沈（L Y Shen, 1997）阐述了 PPP 模式中风险转移和风险分担的概念，分析了 PPP 模式的常见风险并且分析了与传统项目的区别。马蒂努斯（Martinus et al., 2006）则认为，PPP 模式的风险分担不仅要考虑到 PPP 模式主体的复杂性，还需要考虑到风险分担的具体时间和风险分担方案的契合性。风险分担主体需要具备四个条件：一是风险识别能力，需要正确识别 PPP 模式所产生的风险；二是风险管理能力，需要有能力承担风险或组织风险发生；三是在 PPP 模式主题中控制力最强；四是自愿承担产生的风险。

其次，对于 PPP 模式风险的分类。塔等（Tah et al., 1993）使用层次分析法，从风险来源的角度进行 PPP 模式风险的识别和分类研究。李（Li B, 2003）则根据 PPP 模式产生的风险层次不同划分为宏观层级的风险、中观层次的风险和微观层次的风险。宏观层次的风险主要是指国家和行业层次的风险，中观层次的风险是 PPP 模式项目本身的风险，微观层次的风险则是指 PPP 模式项目合同因为各个主体意见不合产生的风险。格里姆赛等（Darrin Grimsey et al., 2002）则将基础设施领域 PPP 模式项目按照 PPP 模式项目不同环节分为 9 类，分别是建设、运营、回收、金融等。另外，对于如何评价 PPP 模式项目风险做了阐述。

最后，关于 PPP 模式风险分担原则的阐述。阿尔德特（Arndt R H, 1998）按权利主体不同分为主办者、经营者和使用者。主办者一般为政府机关主办者，经营者一般为获得特许经营权的私人部门，使用者一般是民众或政府部门。他认为 PPP 模式风险应该在上述三者间分配。李（Li Yinshen, 2006）在前人研究的基础上，以 PPP 模式风险的特性不同具体提出，私人部门主要承担建设风险、设计风险和经营风险，而市场风险和财务风险应该由公共部门和私人部门共同承担。除此之外很多学者在进行不同地区 PPP 模式风险分担比较研究时发现，不同地区的 PPP 模式风险分担原则并不相同。柯（Ke, 2010）通过匿名专家问卷，梳理分析 PPP 模式风险分担原则，在此基础上对中国内地和中国香港地区 PPP 模式风险分担原则与英国和希腊 PPP 模式风险分担原则进行了对比分析。研究发现，PPP 发展越成熟的地区社会资本承担风险的意愿越强，中国较另外 3 个发达国家的 PPP 发展水平依然较弱。李（2005）与罗姆波特索斯等（Roumboutsos et al., 2008）采用相似的问卷调研方法，分别对英国、希腊 PPP 项目各参与方的风险分担偏好作了统计分析。

国内关于 PPP 模式风险分担的研究起步较晚，主要是在国外研究的基础上进行拓展，除了对于 PPP 模式风险分担理论的分析外，国内学者对风险分担模型的研究也较多。

关于 PPP 模式风险分担理论研究。宋志东（2004）认为，PPP 模式项目成功的关键是对于 PPP 模式风险的分担。首先，要精确分辨风险的来源；其次，要合理评估双方的风险分担能力；再次，要明确风险分担主体；又次，要控制处理风险的成本；最后，需要通过合同和协议明确 PPP 模式项目主体的责任和权利。刘子卫等（2007）指出，PPP 模式项目风险产生的原因是 PPP 模式项目资源和目标之间的矛盾并分析了 PPP 模式项目特性、风险分担机制和风险分担原则。涂铭等（2007）指出，合理的风险分担机制可以有效减少 PPP 模式风险的发生概率、减少风险发生时造成的损失以及风险管理成本。另外，他还指出通过 PPP 模式风险分担对于各个主体培养风险忧患意识的提高也有帮助。

关于 PPP 模式风险分担模型的研究。国内关于 PPP 模式风险分担模型的研究主要是对于分位数回归风险价值（VaR）模型的使用和拓展。彭桃花等（2004）在对于 PPP 模式的各个风险和风险分担的理论基础上，建立了加权平均资本成本（WACC）模型。李永强等（2005）则基于博弈论的基础，对 PPP 模式项目的风险分担作分析，研究发现 PPP 模式项目的风险和收益不存在线性关系。程述和谢丽芳（2006）也通过博弈模型，改进 PPP 模式风险分担模型，使得风险分担更具有科学性。

2.2.4　PPP 模式项目审计研究

PPP 模式项目的审计工作一直是整个 PPP 模式项目的重点，对于 PPP 模式健康可持续发展起到至关重要的作用。

国外学者在对 PPP 模式项目进行研究时，研究重点主要集中在概念界定、风险控制与政府监管上，对于 PPP 模式项目审计的研究较少。博恩（Bourn，2007）认为，PPP 模式项目中的审计指的就是对于 PPP 模式项目的绩效审计，公共项目审计原则也适用于绩效审计。琳达（Linda M，2010）通过对于 PPP 项目相关专家和政府人员的咨询提出，对于 PPP 模式项目审计应该从私人部门的视角出发。但巴瑞特（Pat Barrett，2011）则提出相反的观点，在基于前人的基础上，他认为 PPP 模式项目的周期较长，仅仅依靠审计部门的评估还不够，参与 PPP 模式项目的各个主体都需要作深入的分析，保证 PPP 模式项目健康可持续发展。为了更好地对于 PPP 项目进行审计工作，国外政府颁布了有关 PPP 模式项目审计的相关法律法规和审计政策。但由于各个国家的实际情况存在差异，颁布的法律法规和政策均存在差异。因此，下面更加细致地对于我国 PPP 模式项目审计的相关研究进行分类并作梳理。

我国关于 PPP 模式项目的审计研究涉及的方面较多，主要有对于 PPP 模式项目审计主体的研究、PPP 模式项目审计内容及方式的研究、PPP 模式项目绩效审计研究以及我国 PPP 模式项目审计环境研究。

1. PPP 模式项目审计主体的研究

吴仲兵等（2012）认为，PPP 模式项目的审计应该从利益相关者的视角出发，公共部门和私人部门需要紧密合作，防范投机行为的出现，提高 PPP 模式项目的审计效率。时现（2016）则从国家层面出发，在对 PPP 模式项目的特点进行阐述后指出，PPP 模式的应用对于国家建设项目的审计主体、审计内容和审计模式产生影响并认为应该重新对 PPP 模式下的国家建设项目审计进行设计，满足国家建设项目审计的新需求。焦胜（2017）也从国家层面研究，对比分析了 PPP 模式项目和传统项目的相同点和不同点，认为 PPP 模式的审计主体较传统项目存在差异并且认为 PPP 模式建设项目审计的路径需要优化。

2. PPP 模式项目审计内容及方式的研究

传统项目的审计主要包括事前审计、事中审计和事后审计，一般来说短周期项目一般采用"全过程审计"，相比于单纯的某个过程的审计"全过程审计"效益更大，但是 PPP 模式项目一般都是长周期项目，全过程审计的成本太高且难度较大。卜昌平和程振纺（2012）研究发现，现阶段对于 PPP 模式项目的审计大部分集中在事后审计，事前审计和事中审计不充分，难以对正在进行的项目产生影响。现阶段，审计领域中的跟踪审计法由于各种因素的影响难以在 PPP 模式项目中开展。审计主体仅仅能对于项目的工程造价进行审计，对于项目如何进行，如何推进难以涉及，这造成了对于 PPP 模式项目的审计深度不够，很难发现在项目进行过程中的违法违规行为。邹裕（2014）也同样认为，我国 PPP 模式项目的事前审计不足，应该加强对于 PPP 模式项目的事前审计，对于项目的设计、计划以及可行性进行分析，在源头上阻断可能发生的问题，对于正在进行 PPP 模式项目存在的问题也需要及时调整与纠正，避免 PPP 模式项目因为实施中的决策造成损失。

另外，许多学者也提出了很多建设性建议。严晓健（2014）认为，在进行 PPP 模式项目审计时，主要重点关注的几个问题：一是 PPP 模式绩效审计；二是招投标程序是否合理；三是合同签订和后续管理是否存在漏洞；四是项目运行过程是否合法合规。鲁心逸（2015）则重点研究印度 PPP 模式项目审计，对于其如何介入，审计的重点、绩效评估和 PPP 模式的风险控制做了梳理分析。基于此提出了关于我国 PPP 模式项目跟踪审计建议。孙凌志等（2016）则重点分析了 PPP 模式项目和传统项目审计中的区别，PPP 模式项目的审计重点应该在价值审计、合同审计和事前审计上。王立国和张莹（2016）则是基于国家层次的视角，在生命周期理论的指导下，结合国家治理提出了 PPP 项目全生命周期的四维度跟踪审计模式。

3. PPP 模式项目绩效审计研究

国外学者关于 PPP 模式项目绩效审计的研究较早，研究主要起源于政府审计，重点是对于政府绩效审计的相关法律进行分析，然后明确其审计的特征和重点。

国外最早对于 PPP 模式项目绩效的审计研究主要聚焦于 PPP 模式项目绩效审计的相关法律法规，从政府审计的视角出发，明确 PPP 模式项目绩效审计的要点和特征。下一个阶段开始于 20 世纪 90 年代，该阶段逐步完成 PPP 模式项目绩效审计的理论体系建设，该体系不仅仅具有系统性，还对于实践具有很强的指导作用，主要是对于一些在绩效审计中的方法和经验的梳理归纳，更好地去指导审计实践，降低 PPP 模式项目风险。大卫（David，1996）认为，审计师需要将相关的法律法规和行业标杆与自身的经验结合可以更好地进行项目绩效的审计。阿里（Arie，2002）也保持同样的看法，他认为项目绩效审计是将预期绩效目标和实际绩效相比较，这种相互比较可以增强政府的责任性。细化到政府公共项目的绩效审计中，国外学者认为除了利用传统的财务审计方法之外，对于现代的评价技术与计量方法也是做好政府公共项目审计的关键点，其中的方法重点是风险量化与成本收益分析。

而国内学者关于 PPP 模式的绩效审计研究则较为落后，主要还是集中在 PPP 模式的绩效审计内容、权威制度的建立和主体权利与义务的划分等方面。时现等（2006）认为，PPP 模式项目的绩效审计应该从经济性、效率性和效果性出发，全方位地对 PPP 模式项目的价值进行评估。严晓健（2014）认为，需要建立一套可以对于 PPP 的制度设计和管理、风险分担和整合治理有明显帮助的一套会计核算制度，帮助 PPP 模式项目健康可持续发展。鲁心逸（2015）借鉴印度的《基建项目 PPP 政府审计指南》，提出了一系列关于我国 PPP 模式项目的绩效审计建议。而部分学者则更加重视 PPP 模式项目中的主体的责任权利的划分。何新容（2017）认为，国家必须健全相关的法律法规，只有在此基础上明确政府行政责任，保障 PPP 模式项目的绩效审计的合理合法性，保障 PPP 模式项目的健康发展。

4. 我国 PPP 模式项目审计环境研究

我国 PPP 项目的审计内外部环境对于 PPP 模式项目的审计也存在着影响。戴健（2011）审计的影响范围越来越大，除了项目的相关主体外，民众也越来越关注审计意见，这造成了审计职能增强。其中包括由单纯的事后审计转向全过程审计、审计的内容越来越扩大和审计的对象日益复杂。这从很大程度上增加了项目审计的风险。

首先，由于各种现实原因，PPP 项目审计力量以及审计质量难以得到保障。林梅（2016）认为，虽然我国相继出台了《建设项目审计处理暂行规定》《国务院办公厅关于加强和规范新开工项目管理的通知》等规定和细则，为政府投资项目的审计起到了一定的指引作用。但是，现阶段我国关于 PPP 模式项目审计并无统一的标准，不同审计机构或审计人员采用的标准均不相同，很多情况下审计结果和现实情况差距较大，项目审计失去原本意义。

其次，随着我国大规模的基础设施建设，审计的需求也持续增加。贺欣（2016）认为，除了政府项目增多的一个原因外，地方政府均开始要求建立项目必审制度，加重了审计机构的任务，很容易造成项目积压。另外，近些年来除了传统的审计任务外，审计机构还要求审计人员完成很多临时增加的任务，这也导致了审计质量的下降。

最后，我国的审计人才较为稀缺，特别是有着其他专业背景的复合型审计人才。王菁（2015）认为，PPP 模式项目中的审计人员需要在 PPP 项目的全过程中提供监督、咨询和建议，这对于审计人员的专业知识要求非常高，不仅需要提供事前的建议，对于项目设计和工程施工方面也需要提供审计职能。郑丹婕（2016）指出，PPP 模式项目周期长与范围广的特性，对于审计人员的专业要求较高。我国的审计人员较为稀缺且专业不够全面，影响了我国审计机构的充分发挥。

2.3　相关研究评述

在对于 PPP 模式的概念研究中，由于各国意识形态存在差异，对于概念的定义不尽相同，大致分为三类：首先，是从公共部门与私人部门的关系出发进行概念的定义；其次，是从 PPP 实施的目的出发认识；最后，是将 PPP 理解为一系列项目融资目的总称。无论从哪个分类与角度出发，PPP 模式均是指一个大的概念范畴，而不是一种特定的项目融资模式。

在对于 PPP 资产证券化的研究中，通过对上述文献的阅读和分析后可以看出，国内外大部分学者对于 PPP 模式资产证券化都给予了肯定，PPP 资产证券化结合了 PPP 模式和资产证券化模式的特点，能很大程度上盘活存量资产，为 PPP 项目注入更多社会资本，但同时由于发展时间不长，在风险问题上更应加大关注力度。虽然目前国内外对于 PPP 资产证券化的风险研究都较为重视，但在具体内容上还是存在一些分歧和局限。

在 PPP 模式风险分担研究中，国内研究同国外研究相比，理论研究的系统性不强，目前还处于对国外理论的引进阶段，局限在对国外的风险分担理论与风险分担实践的分析探讨。虽然部分学者开始关注风险模型的应用研究，但大部分文献仍然缺乏计量模型的实证分析，研究深度仍需要加强。

关于 PPP 模式审计的研究，大部分国外学者认为 PPP 模式绩效审计除了注重传统统计计量方法外，还需注重对于经济管理方法的应用。我国学者则在国外学者研究的基础上，结合我国国情与实际情况尝试构建我国PPP 模式审计的评价指标体系。除此之外，对于 PPP 模式审计方法和审计内容的研究也不在少数，但我国的 PPP 审计研究尚未形成体系，各学者构建的指标体系尚未统一，对于 PPP 模式绩效影响因素的研究仍然不够充分。

第 3 章

理论基础与制度背景

3.1　理论基础

3.1.1　融资方式

1. 吸收投资

吸收投资作为一种筹资方式，其参与方主要包括了国家、企业、个人和外商，非股份制企业通过合同、协议等方式吸收各参与方的直接投资。吸收投资的资本通常不包括股票，因此其适用范围主要为非股份制企业或合伙企业。吸收投资的融资方式同样适用于中外合资企业、中外合作企业等。在它们成立时，可通过吸收投资获得中方、外方的资金，从而获得一定的股权。50 人以下的有限责任公司在进行吸收投资时，提供资金额的一方便成为吸收股东。对于股份公司而言，其吸收投资受到的约束更多，例如发起设立人不能作为吸收投资方而只能以共同投资方的身份参与到吸收投资中。在具体的吸收投资过程中，其投资方式、合伙企业形式具体可通过协议来设定。

2. 发行股票

通过发行股票的方式进行融资风险较小，这是由于股票本身的时效性较长，并且不需要支付高额的利息。企业进入股票市场能够有效地带动经营机制的转变升级，提高其自主经营能力及竞争实力，从而实现企业组织结构的优化、自我整合能力以及高效的自我发展。

3. 银行贷款

企业可通过流动资金贷款、固定资产贷款和专项贷款等 3 种贷款方向从银行获取巨额的资金支持。其贷款额度的确定需要对企业经营以及信用状况等方面的情况作综合的评定。更具体的，企业可通过以下 5 种途径向银行获取相关的贷款。

其一，资产抵押贷款。规模较小的企业可将自身的资产抵押给部分机构，从而获得等价资产证券化品种，抵押的对象可以是证券公司或者商业银行。中小企业可以通过专门的平台交易资产抵押贷款获得资产证券化品种，从而获得发券募集的资金可供使用。资产抵押贷款当中的担保基金可来自政府、会员、社会募集等方面。信用担保机构采用会员制管理方式，其会员企业在进行贷款时，通常采用中小企业担保机构提供担保服务，其自身属于非营利性组织，更加倾向于公共服务特性。担保公司与银行相比，其抵押物所涵盖的范围更加广泛，能够解决企业在向银行贷款时可能遇到的抵押、质押、第三方信用保证人等问题。

其二，项目开发贷款。如果一部分高新科技企业正处在具有重大价值的科技项目开发阶段，由于自身规模较小无法承担巨额的项目启动、初始投入资金，同样可以向银行提出贷款申请。商业银行会对这类具有高新技术产品研发能力的高等院校或者科研机构提供积极的信贷支持，推动其高新技术的产品化、成果化。

其三，出口创汇贷款。银行还可向生产出口产品的企业提供出口创汇贷款，具体包括了外汇抵押贷款或者人民币贷款。出口前景较好，发展潜力较大的公司，还能够向银行借用技术改造贷款。

其四，无形资产质押贷款。根据《中华人民共和国担保法》中对于贷款质押物的规定可知，商标专用权、专利权、著作权等无形资产皆可作为质押物作抵押贷款。

其五，票据贴现融资。企业中持有银行承兑汇票和商业承兑汇票的持有人能够将上述两票据转让给银行，并且获得一定额度的，且扣除了贴现利息的票据贴现资金。这种融资方式的显著优势在于不受企业自身资产规模的限制，而是根据该企业所处的市场行业情况来发放贷款。高效地利用票据贴现能够尽量地缩短融资所花费的时间，且手续较为简单，不需要较高的融资成本，仅需要持有相关票据到银行办理手续即可完成融资流程。

4. 发行债券

企业债券是企业按照法律规定发行必须在规定时间内还本付息的一种公司债券。投资人通过购买企业发行的债券完成投资行为，投资人与发债企业之间的关系主要为债权、债务关系，投资人有权利按期收回事先约定的本金和利息，但没有权利直接参与企业的经营行为。若企业破产，在进行资产清算时，持有企业债券的投资人相比较股东而言，其对企业剩余财产索取的权利优先级更高。企业债券可以自由转让，这一点与股票基本一致，并且其通常用于新建的项目，且利息高于银行利率。同时发行企业债券的企业通常规模较大，这是由于中小型企业一般盈利较低，其资金需求量低于大型企业。

3.1.2 投资理论

1. 投资方向

投资方向是指不同经济部门、不同用途、不同行业间的投资分配，从根本上影响了国家的各种建设投资的发展动力。正确、合理的投资方向有利于促进各部门的比例或生产与消费的比例更加协调。投资方向与投资布局的具体概念有一定的不同，投资方向侧重于纵向的各行业投资分配构成，而投资布局更看中投资的横向分布，其针对的方面是国家的不同地区间的投资分配占比，根本目的是发挥不同地区的综合优势，实现各地区国民经济的均衡、协调发展。

2. 项目评估

项目评估是一种技术经济论证和评价，其对象包括了项目建设过程中的计划、实施方案、具体设计等方面。通过对直接投资活动的项目评估，能够科学地评价项目的结构合理性、功能有效性、环境适应性。项目评估涉及技术、经济、资源、市场等各方面的数据和资料，为决策者在项目的选择以及方案的具体实施方面提供正反两方面的意见，使之能够作出有效的决策。

3. 投资可行性分析

在实施投资行为前，需要对投资项目进行可行性分析，主要包括建设条件评估、技术评估以及项目经济数据的评估等方面。通过投资可行性分析，能够更全面地了解该项目的投资规模，对于行业规划、企业发展前景的契合度，以及产品市场供需情况的发展程度。

建设条件评估：对项目实施所需要的交通运输条件、环境保护措施、购进成套项目的合理性、资源开采的资源储量与相关机构的批准、材料燃料来源的可靠性、选择厂址的合理性等方面做全面、科学的评估。

技术评估：对项目实施所需要的工艺、技术、设备的先进性、适用性、经济性进行评估，判断其是否符合相关政策、是否经过科学的试验和坚定、是否能够获得尽可能多的效益。技术评估还应当检验各环节的产品质量检测手段是否完备、是否具有较高的资源利用效率，对技术方案进行全面的综合评价。

项目经济数据的评估：对项目的产品方案的总体分析，对生产规模、生产成本、税金等指标进行定量的测算，从而对利润、财务效益等各项技术经济指标进行预测和评估。财务效益评估作为最关键的环节，其主要内容为投资回收期分析、资金流动性分析等。

3.1.3　内控理论

关于内部控制的定义，理论界的表述不完全一致。1992 年由美国多个会计、审计协会组成的机构提出了名为《内部控制——整体框架》的报告，对内部控制这一概念完成了初步的界定。其具体定义为：内部控制是一种提供合理保证的过程，其所要达到的效果是在符合法律法规的前提下提高经营的效果和效率，保证财务报告的可靠性，企业董事会、企业管理者和一部分职员等各方面会在一定程度上影响内部控制的形成和发展。我国在1997年发布的《内部控制与审计风险》便对内部控制这一概念做了阐述，并进一步强调其在保护资产安全、防范错误与舞弊等现象发生方面的重要性。指出内部控制作为完整的政策和程序，能够有效提高会计资料的客观性和完整性。现有针对内部控制的定义具有一定共性：即通常根据审计的理念对内部控制进行分析，并将其表述为政策或者程序，同时强调其目标，仍存在以下几点不足。

（1）概念所涵盖的范围较窄。这是由于控制本身所指的范围不仅包括审计，而且涉及人口、经济、资源等各方的控制，在不同角度下对控制的界定都会呈现出不同的特点。即使内部控制自身与审计有着较多的共同点，但从内部控制的实际发展情况看，其特点使之更加趋向于管理的范畴。同时，我国也建立了相关的制度和规范，其出发点是提高会计信息的质量高度而不是为了满足审计的需要。在内部控制理念发展初期，有关学者一直将其与审计联系在一起，然而企业对于内部控制有关制度的建立和完善有较为强烈的抵触，其积极性较低，从而影响了内部控制的建立和逐步健全。如果能够从更广泛的范围去理解内部控制，将其视为一种内部管理的举措，则能够提高企业自身的积极性以及重视程度。

（2）内部控制所指的主体与客体对象不够清晰。主体为实施控制行为的对象，客体为受到内部控制作用的受控对象。通常意义下的客体是人力、财力、物力以及企业在经营活动中产生的各种组合之后的关系或者形式。这一概念得到了广泛的认可，基本没有争议。内部控制存在的对象不清晰问题主要是对主体的界定有着一定的区别，主要包括3种不同的认识：观点一将主要的经营者认为是控制主体以及控制的实施者。而对于经营者的具体界定又分为不同的范畴，不同界定范围之间区分的差异主要为是否包括董事长，是否包括党委领导班子、总经理班子等。观点二相比较观点一而言，其所认为的控制主体范围更广，不仅包括单位自身的经营者、管理者，而且包括其内部的职工、群众，同时单位中的员工在内部控制中具有双重身份，即既是控制的主体，也是受控对象。观点三同样在观点一的基础上做了主题涵盖范围的拓展，即将单位的所有者（股东）也认为是控制主体。不同学者对此保持着不同的意见，一部分学者将董事会视为单位的所有者即控制主体，而另一部分学者将其视为经营者即并非控制主体。

最后一种观点范围涵盖上述 3 种观点，即将股东、经营者、管理者和职工等对象均视为实施主体。

为了科学合理地定义内部控制的主体，应当正确意识到单位内、外部控制主体的差异性。对此，可以从财务行业中的内、外部会计的区分方式中寻求思路。根据既有的内、外部会计区分方法，股东作为会计行业各类信息的外部使用者和实施主体，在外部控制中发挥了关键的主体作用，而非内部控制，这一点得到了广泛的认同。即使股东与董事会、经理等存在密不可分的相互联系，也不应当将多者共同组成的公司治理结构与内部控制结构相混淆，内部控制的范围只能被局限在较小的范围内，而不能无限制地扩大。监事会是股东监督企业的核心成员，起到了外部监督的关键作用，而非属于内部控制所包括的界定范围。董事会不仅在企业的共同所有者中担当了重要角色，并且为企业的核心经营者，是最为权威的权力机构，其应当成为内部控制主体中的关键部分。除此之外，企业中的中层管理者以及数量最大的员工均应当被定义为内部控制的主体。通常意义上，将上级对下级的管理作用视为控制作用实际上是欠缺了妥当性的。根本原因是，控制作用的具体表现是相互的，不仅包括上级对下级的控制，也包括下级群众、员工对上级管理者的监督。群众监督便能够很好地体现企业内下级对上级的内部控制的具体作用形式。

（3）对于控制主体有不同的情况下，其内部控制的目的也有显著的差异，传统的概念界定忽视了这种差异性。同时，控制目标也不是一成不变的，会随着环境的变化逐渐产生改变。以控制主体中的董事会威力，其目标和普通员工所需要达到的控制目标是显著不同的。现有的对于内部控制的定义，都将控制目标视为固定的、无变化的，不因主体的差异性而改变的，这缺乏合理性、科学性。

根据上述几点分析，可将内部控制的内涵定义得更加广泛：指在某种具体的环境下，单位内部的所有控制主体为了实现某个目标所使用的各种管理方式、单位运作程序，这种目标会受到控制主体差异性的显著影响。其基本原则主要包括以下几个方面。

（1）合法性。内部控制相关活动、行为的进行必须时刻受到相关规定、法律、章程的约束，例如《会计法》等。以《会计法》为例，其在法律条款中便对内部控制的相关执行、监督制度做了规定。合理的内部控制制度应首先满足相关法律、条款中的规定，不然任何内部控制制度都会被视为是非法的，不受到法律保护。这样不仅会给企业带来严重的经济损失，例如依法进行处罚、名誉上的损失，而且极大地限制了管理水平的提高。

（2）相互牵制。内部控制的相关业务应当被指派给两个或两个以上的职工分工完成，而并非由某一种职别的某一人员独立完成。多人共同完成经济业务会产生相互牵制作用，能够极大降低多个错误同时发生的概率。《会计法》中便有明确条款说明，经济业务事项的相关人员应当相互制约，相互监督，不同人员之间的职责和权限划分应当是鲜明的。该条款规定的核心体现了相互牵制的原则和价值。

（3）程式定位。是指在建立内部控制的相关制度体系时应当明确地规定各种职责、权限、操作流程、业务办理手续以及相关的纪律、检查规章制度。程式化的内部控制制度能够有效地提高业务管理的精准度、效率，实现奖惩分明以及职员事业心和责任感的提高。

（4）系统全面。内部控制对于企业而言作为完整的系统，在运作过程中会对各个部门和生产经营环节产生较大的影响。对于内部控制的全面性要求包括了内容覆盖的全面性以及不同内容之间的协调性。一旦内部控制系统失去了全面性，则会对企业的正常运行产生较大影响，造成矛盾。

（5）成本效益。这指出内部控制活动的目的之一为在尽可能低成本的前提下获得尽可能有效的控制效果。相关单位在进行内部控制活动时，有必要实时对成本和所得效益进行测算和权衡，若该活动的效益高于成本，则可以建立相关的制度并进一步推广实施。内部控制制度是为了企业管理水平的提高以及经营活动的发展所服务的。

（6）重要性。重要性原则表明了对于内部控制活动中重要性不同的项目，应当实施不同的管理办法和控制流程。对于重要程度较高的项目，其管理需更加严格。反之，若该项目重要程度较低，则可适当简化相关的管理流程。以财务收支过程中的审批环节为例，若该金额超过了相关的标准，需要增加审批的步骤和审核的严格程度。

3.1.4 风险管理理论

1. 风险管理的定义

风险管理的根本目的是在风险必然存在的环境中，通过一系列的制度、措施使项目和企业所面临的风险能够减少至最低。有效的风险管理的前提是对风险本身具有全面的了解和分析能力，通过在多种实施方式中选择效率更高的方式，在风险来临时积极主动地面对，从而能够达到风险成本最低情况下获得尽可能多收益的目标。完善的风险管理制度能够有效地降低错误发生的概率，尽可能避免损失。风险管理是企业正常经营过程中必不可少的管理活动，最早发源于 20 世纪 50 年代。当时美国的一些大规模企业遭受了较为严重的经济损失，这使当权者逐渐意识到有必要进行风险管理。经济社会的不断快速发展，人类社会逐渐遭受着更多种类且更加严重的风险。例如随着科学技术的逐渐发展，给人类带来了巨大的经济发展成果，但同时也导致了更为严重的事故风险。例如三里岛核电站爆炸事故、切尔诺贝利核电站发生的核事故等重大事故，在造成巨大社会风险的同时也推动了风险管理行业的迅速发展，推动其成熟化、全球化。在风险管理学科发展的同时，一系列企业中的人员、财产管理学科也得到了快速发展，并逐渐形成完整的风险管理体系。现如今，风险管理成为企业运营中独立性较强的部门，在企业的正常发展以及制定合理的发展目标、经营战略等方面均发挥了关键作用。

2. 风险管理的目标

风险管理本身所追求的目标是极为明确的，这也是风险管理正常发挥作用的必要条件。反之，这类风险管理则是形式主义的，既不能产生实际的管理效果，也无法通过任何指标对其进行评价。风险管理的根本目标在于以尽可能少的成本代价获得尽可能多的安全性。风险管理并不仅局限于生产行业，而是一个系统工程，并且涵盖了设备、物流、风险评估、风险处理等各方面。

进一步地，风险管理的目标需要满足一致性、现实性、明确性、层次性等要求。其中，一致性是指风险管理的目标和企业、业主等管理行为实施主体的风险管理目标应当是高度一致的，不应当有较大的偏差。现实性要求风险管理目标的设定应当以客观条件为前提，应当符合客观规律。具体对于风险管理目标的种类划分可通过风险发生时所处在的不同阶段进行，并可主要分为以下两种类别。

损前目标表示的是风险事故未产生时所提出的目标，主要包括了经济目标、安全状况目标、合法性目标和履行外界给予企业的责任目标。其中经济目标对风险管理中安全计划的经济性、合理性提出了要求，而安全状况目标和合法性目标分别对于风险的可承受范围、安全责任意识、风险防范意识以及与经营相关的一切行为、规章、合同的合法性提出了要求。

损后目标是指在风险事故发生后尽可能减少损失，尽可能维持企业的正常运作，提高其生存能力。损后目标主要有生存目标、连续性目标、收益稳定目标以及社会责任目标等。其中生存目标是指遇到风险事故之后能够维持其正常生产经营的前提条件。收益稳定目标是指企业具有持续获得稳定利益的能力，这也能够吸引到大多数的投资者。社会责任目标是指企业在遭遇风险事故时能够最大程度地减少对他人和整个社会的负面影响。为了有效地实现上述损前、损后目标，企业中的风险管理人员应当全面、科学地认识风险，并制定相应的风险防范措施。

3. 风险管理的职能

风险管理的职能主要包括计划职能、组织职能、指导智能和管制职能4个方面。其中计划职能是指对企业的风险评估、指定风险防范举措、制定风险管理制度、制定风险处理计划等一系列措施。

组织职能是指根据已有的风险管理计划，对其进行合理的划分和权限的下放或者职务上的调整和重组。风险管理的组织能够将风险管理计划的实施以及使风险处理计划相关的人高度地结合起来，并能够有效地促进生产、财务、销售等组织关系的确立、完善和调整。

指导职能包括了风险处理过程中的一系列管理行为，包括风险判断、信息交互、计划方案的传达等。管制职能包括检查、监督、分析和评价等行为，可对风险管理的全面性、科学性、合理性进行评估，判断其风险处理技术是否合理，相关的技术是否能有效地减少风险事故的发生。

3.2 制度背景

3.2.1 制度变迁

固定资产投资关系事关重大，小到一个企业的正常运作，大到整个国家经济社会发展战略以及整个生产力发展的长期布局，固定资产投资关系的建立必须始终服从我国的整体顶层设计以及具体的产业、发展规划。自实施改革开放战略以来，我国的固定资产投资体制经历了多次变革。国发〔1988〕45 号文件提出了有计划商品经济时期的改革固定资产投资关系，并在国发〔2004〕20 号文件中进一步阐述了社会主义市场体制下的多元化投资渠道要求，最后是《中共中央 国务院关于深化投融资体制改革的意见》，在该文件中，固定资产投资关系用于解决融资过程中的融资难、融资贵等困境。

国发〔1988〕45 号文件针对的问题早已经得到了解决，随着我国所处阶段的不断变化，包括固定资产投资关系在内的投融资体制也在逐渐发生变化，其中的理念、审批制度、管理责权等各方面均在不断地发展。

1. 改革理念之变——新常态、五大发展理念与供给侧改革

经过近年来的快速稳定发展，我国总 GDP 已由 2006 年的 21.08 万亿元上升至 2021 年的 114 万亿元，并按照经济总量的排名，由第六名上升至世界第二。随着我国稳步进入到中等偏上收入国家的名单，经济发展的速度也逐渐由量转向质的发展、转向创新驱动发展。

为了应对新局面，引领新常态，包括创新、协调、绿色、开放、共享在内的发展理念被提出，以实现更高质量的发展。2003 年，科学发展观随着全球化的日益深入而被提出，那时我国才刚刚实现了全面小康的目标。十几年后的今天，我国进入到新时期、新阶段，发展理念的改变实现了对科学发展观的创新和突破。特别是当英国完成了脱欧以及欧美等国家的"反全球化"思想愈演愈烈，我国所面临的挑战愈加严峻。坚定不移地走开放道路，不断推动"一带一路"工程的实施，不仅能够确保五大发展理念的确切实施，同时能够为我国的现代化经济体系建设以及其中的投融资机制建设提供方向和道路。

为了有力地推进新常态下经济发展的根本创新，需要落实供给侧结构性改革的步步实施及深入。对于需求侧和供给侧，投资作为共有的组成部分，是推动二者发展的重要动力，是维持我国经济稳定并实现快速增长的压舱石。投融资体制改革作为全面深化改革中的关键一角，势必是推动经济发展的重要突破口。投融资体制的创新和发展，也能够极大地提高供给侧中各类要素的配置效率，最终从根本上促进"三去一降一补"相关工作的开展，实现创新驱动发展。

2. 审批制度之变——从审批制、核准制和备案制，到试点承诺制

在 2004 年提出的《国务院关于投资体制改革的决定》一文中，极为重要的一个方面为对项目运作过程中的审批制度进行了根本上的改革，并且在审批的基础上进一步增加了核准制和备案制。例如某些企业的项目中并未利用政府的投资，新的制度中规定了这一类项目不再适用于审批制，而是根据具体情况的差异性选择核准制和备案制。进一步地，2016 年提出的《中共中央国务院关于深化投融资体制改革的意见》也同样遵循了现有的审批制度框架，推进审批制、核准制的完善，精简其核准事项和目录，并将其与备案制有机地结合起来，实现企业信用承诺、监管有效的管理模式。

在 2016 年的大规模投融资体制改革中，承诺制的提出在根本上改变了原有的审批制度，通过"无审批"和"零等待"等相关的承诺制特点，对原有审批制进行改革试点，并且具体由政府指定承诺制标准，由企业进行承诺，在项目运作的过程中时刻保证监管力度，对于失信行为要实时进行惩罚。承诺制的具体实施首先需要企业在申报项目的同时提出书面申请和承诺，保证在项目运作的全过程中时刻满足各项要求和法律规章制度，并且积极主动地为事故发生可能导致的法律责任和经济损失负责。

承诺制的出现突破了原有制度中在项目审批阶段的条件限制，通过先审批后管理的方式，实现了项目审批流程的创新，实现了投融资体制机制的创始，并有效地改善了供给侧结构性改革当中的短板局限，最终降低了制度性交易造成的一部分成本。与此同时，在承诺制实施的过程中，同样利用了信用监督机制，对于具有严重违法或者信用异常等行为的企业，将其拉入黑名单，对企业的社会责任的提高以及自我约束机制的成熟有着极大的促进作用，并最终形成新型企业投资项目管理体制。

3. 政府职能之变——从重视前期审批到事中事后监管

在实施投融资体制改革之前，对于投资项目的决策管理需要经过烦琐的审批流程，尤其是企业投资项目的审批流程被戏称为"万里长征"。但随着政府的服务化建设，政府职能的转变也促进了审批流程的精简和投融资体制的改革。

对于政府所需要完成的投资上项目审核目录，在 2004 年国务院颁布的《决定》一文中进行了界定，其中主要包括了申请报告、资源利用合理程度、是否符合生态环境要求、是否能够保障公共利益以及是否符合反垄断法等各方面。为了有效地实现政府工作职能的转变，实现简政放权的目标，国务院多次修改了《决定》一文中的对应内容，删除或精简了较多事项。根据统计，需要中央层面审核的事项减少达到 90%。2016 年新提出的《意见》一文中进一步强调要保证尽可能小的投资核准范围，尽最大限度地减少核准事项。其中项目核准内容通常只保留规划选址、用地条件等方面。

《意见》不仅最大程度地减少了项目实施所需要的前置条件，同时对于政府在项目运作全流程中的监管力度、服务能力提出了更高的要求。政府以及企业投资项目中具体的实施方式略有不同。对于前者，需要政府加大项目审计中的监管力度，严格要求项目中相关稽查、验收制度，尤其是对于重大项目，还需要同时建立完善的评价制度和责任追究制度。而对于后者，则需要政府推动多方协同监管作用，以先建后验的方式推动项目的正常运作。同时对于擅自开工、手续不完整、违法违规的项目应当及时予以处罚。

4. 管理权责之变——开出"三个清单"，推行审批首问负责制

早在 1776 年市场便开始被称为"看不见的手"。自此以后，现代经济学的学者一直将政府与市场之间的相互作用视为研究的终点。凯恩斯在 1936 年进一步在宏观经济管理理论中将政府看作一种有形的手，并且其相

关的思想和主张一直是研究的热点和重点。在深化投融资改革的进程中，如何正确地厘清政府与市场之间的关系也是极为关键的一部分。有效地处理二者之间的关系，必须以明确二者之间的边界为前提，在此基础上才能实现政府与市场之间条理清晰、协调，从而尽可能地提高各种要素资源的配置效率。

继 2004 年颁布的《决定》将企业视为投资行为中的主体，并且政府需要逐渐地改变其管理职能。进一步地，2016 年颁布的《意见》对于政府的管理职能提出了管理方式，包括负面、权力、责任在内的三个责任清单。三个清单的提出，明确了政府和市场的界限，明确地指出了在投资过程中、市场经济发展中企业和政府应该做什么，不应该做什么以及如何管理市场。

政府执行的强弱不仅会影响自身的公共形象，更能够体现政府的服务性效果，并能最终作用于整个经济社会发展的大局。《意见》中指出，需要逐渐建立并成熟审批首问负责制，提高投资主管部门等相关机构的权力。通过将政府的一部分权力移交到该部门中，能够实现"一站式"受理、"全流程"服务，最终达到简政放权的目的，为项目单位提供更加便利的服务。

5. 管理手段之变——应用网络信息技术，实现信息共享与公开

随着信息、网络等技术在经济社会中的发展，其所产生的影响力和渗透力在逐渐推动工作生活中各个环节的改变。以"互联网＋"为主要组成部分的新形态正逐渐推动各个部门的发展，并不断颠覆原有的发展理念，同时政府的管理能力也应当满足新的信息化需求以适应发展理念的变化。2015 年《国务院关于积极推进"互联网＋"行动的指导意见》提出了大约 11 项关键举措，并在后两年进一步提出"互联网＋政务服务"的政府工作理念，从而达到政府各部门间数据共享的目标。通过梳理所发布的相关文件可以看出，我国的政务服务改革具有较强的急迫性，并且正在逐步推动其具体实施，从而真正实现各部门间的互联互通，从而发展成为真正有利于群众和企业的"一站式"办公服务职能的政府机关。

网络信息技术的发展和成熟在促使政府管理理念、手段转换的同时带动了群众对于行政管理的主动监督。网络信息技术促进了在线审批监管平

台的建立和发展，从而实现了申报、审批、管理全流程的网络化，同时提高了各种信息的透明度、公开度，使之能够积极主动地接受来自公众媒体的监督，既满足了相关制度条例中的硬性要求，同时极大地丰富了政府的管理手段和管理模式。

6. 融资模式之变——鼓励 PPP 模式，并列特许经营与政府购买服务

2004 年国务院所颁布的《决定》中第一次对投资项目的种类进行了分类。分类的依据主要是投资主体和资金来源具有显著的差异性，在此基础上将投资项目划分为政府以及企业为主体的投资项目，并且实施差异性的管理。现如今所推崇的政府和社会资本的合作（PPP）模式在当时并未纳入人们的视线当中。那时所提出的《决定》的出发点是为了推动公益事业和公共基础设施项目的积极实施，并且主要的投资行为是由政府完成的，从而尽可能地体现政府在项目运作过程中所能产生的效益。直到全面深化改革提出以后，我国才逐渐开始对 PPP 模式进行了分析和讨论，并逐渐开始允许社会资本参加到城市基础设施投资和运营的项目中。

随着政府对各类基础设施建设项目进行投资的深入和发展，其风险逐渐增加，并通过债务审计之后所得的结果表明已经达到了预警的水平。对此，为了有效地降低政府债务风险，国务院提出了相应的改进意见，并在该意见中第一次提到了政府与社会资本合作的新型模式。在此之后，PPP 模式进入高速发展阶段，国务院和国家部委层面不断颁布新的指导意见推动 PPP 模式在全国范围内的实施。伴随着 PPP 模式快速推广的同时，地方政府、社会资本方和一系列金融机构也产生了各种各样的疑惑。例如需要如何对这种发展模式进行界定，以及 PPP 项目管理流程与现有的建设程序应当怎样进行对接等。

《意见》中清晰地提出应当推动政府和社会资本之间的合作，在合作过程中将特许经营、政府购买服务看作并列的地位，共同归入政府投资体制改革的具体实现方式中，同时文中也对 PPP 项目提出了一定要求，例如应当将其考虑到三年滚动政府投资计划以及收到相关的项目管理目录当中。《意见》中也对可支持的投资范围和具体的安排方式进行了定义，提出政府所提供的投资金应当主要用于非经营性项目，或者通过投资补助、贷款贴息等方式对一部分经营性项目进行补贴或引导。

7. 融资渠道之变——依托多层次资本市场，大力发展直接融资

从"投资体制改革"到"投融资体制改革"中新增的"融"字体现出改革的重点，指出改革的中心思想是为了有效改善融资难的问题，同时强调了对于融资体制进行创新的必要性。从资本市场所处的另一个角度来看，因为投资者与融资者所处的方位不同，需求具有显著不同，这也表明了市场的整体构成是由场内、场外等多市场元素组成的，具有多层次结构的体系。《决定》中指出了可支持企业和公司通过股权融资方式进行资金的筹备，并且在此基础上能够逐渐建立起更加丰富、层次更多的资本市场，在市场中包含了各种资金募集方式；《意见》指出了可通过这类多层次市场进一步扩宽融资渠道，体现了我国已在此方面做出了一定的成就。但是与发达国家具有的市场体系相对比而言，我国还具有一定的结构性矛盾，例如更加倾向于间接投资而忽略了直接投资，更加倾向于银行融资而忽略了证券市场融资等。为在一定程度上解决矛盾，《意见》中明确指出需要拓宽融资渠道，从而优化相应的资源配置方式，从而提升效率，并尽可能地降低市场等风险。

在权益资金的来源这一角度的改革，我国也取得了较为显著的成果，《意见》在直接投资、资本金注入等直接的资本注入方式的基础上，进一步列出了资产证券化等额外的直接融资方式，这在一定程度上拓宽了融资渠道，并且为境外资本的投资提供了渠道，促进了商业银行在融资方面的创新，有效地改善了项目资本金不足的局限。其后《关于推进传统基础设施领域政府和社会资本合作（PPP）项目资产证券化相关工作的通知》等文件的发布，均对PPP项目融资方面的问题做了进一步的阐述，同时强调了继续坚持PPP模式的必要性。

从债务资金来源这一方面进行分析可知，《意见》的提出在传统的以商业银行贷款为主的资金获取方式的基础上进一步提倡实现多元化的债券市场，主要包含了企业和公司所提供的债券，以及来自项目本身的收益债和来自海外的发债，同时也包括了一些金融机构所发行的专门用于PPP项目的金融债券。值得注意的是，企业或公司所提供的债券需要在一定的期限内还本付息，其本身是一种有价证券。近几年，我国为了有效地促进投融资体制改革的稳步进行，发布了各种各样具有新特征的创新债券品种，并且逐渐强调了这一类债券在融资过程中具有的显著功能和放大作用。2015 年我国颁布了《关于充分发挥企业债券融资功能支持重点项目建设促进经济平稳较快发展的通知》，清晰地指出企业能够凭借其具有的信用水平发行一定额度的融资债券，同时对于债券发放所需的条件有一定的放松，但是前提是条件放松不应当增加额外的政府债务。自此以后，对于公司债券发行这一方面，证监会等部门不断颁布新的管理办法和指导意见，不仅逐渐建立健全了非公开发行制度、拓宽了 PPP 项目可支持的融资方式，同时有效地推动了 PPP 项目债券资金支持的政策设计，推动了企业债券的改革和创新。

8. 中介服务之变——"多评合一，统一评审"，集中技术审查

中介服务是现代经济社会的重要组成部分，其主要职能是促进政府与社会、政府与企业之间建立规范的契约关系。随着社会经济的发展，我国投资建设项目的专业经纪服务也在不断完善成熟，从中华人民共和国成立初期的"156 项重大工程"到"一带一路"倡议下的示范性海外投资项目经纪服务，由无到有、由弱到强、由乱到规。特别是在改革开放将可行性研究纳入修订过程后，项目管理制度"先评估、后决策"于 1987 年正式实施，以工程顾问为代表的专业中介服务显著扩大。2004 年国务院提出"培育规范的投资中介服务组织"，要求对投资中介服务机构加强监管，逐步强化了投资项目中介服务机构的法律责任。

近年来，我国积极支持深化改革，项目分权已成为政府职能全面转变的突破口。作为行政审批事项的"衍生产品"，涉及行政许可的绝大多数经纪活动都具有前置性和约束力，是行政审批的先决条件。因此，中介服务也是改革的一个优先领域。鉴于中介服务环节多、时间长、收费高和垄断性强的问题，国务院连续发文整治，以提高服务质量。除《国务院办公厅关于印发精简审批事项规范中介服务实行企业投资项目网上并联核准制度工作方案的通知》外，《国务院办公厅关于清理规范国务院部门行政审批中介服务的通知》也提出多项清理规范的措施，包括破除中间人垄断、切断中介服务利益关联、规范中介服务收费、实行中介服务清单管理、加强中介服务监管等。

3.2.2　相关政策

1. 国家发展改革委关于开展政府和社会资本合作的指导意见

2014 年颁布的《国家发展改革委关于开展政府和社会资本合作的指导意见》指出，应当开始在全国各省市范围内开展政府和社会资本合作模式（PPP），并提出相应的指导意见，具体内容包括以下几个方面。

首先对 PPP 模式作了概念界定，将其定义为政府和社会资本间包括特许经营、购买服务、股权合作等方式在内的一系列合作方式，其根本目的是提高公共产品和相关服务的水平和质量，增加供给效率。通过 PPP 模式，能够有效地促进政府与社会资本之间的利益共享以及二者之间的长期合作关系。同时对于 PPP 模式的相关原则提出具体的指导意见。

应当确定 PPP 项目所涉及的范围以及相应的项目模式。从项目的适用范围考虑，PPP 项目的开展模式主要运用于公共服务、基础设施建设相关的项目，同时这些项目中政府承担了一定的责任，并且还可进行市场化的发展。其范围具体包括了供水、供电、供气以及各类交通设施建设、医疗设施建设、教育设施建设等项目。除此之外，各类新型的市政工程和一部分城镇化项目也可以利用 PPP 进行项目建设。从具体操作模式的选定考虑，主要包括经营性项目、准经营性项目以及非经营性项目。对于其中一部分经营类项目，政府可以给予其特许经营权，并且还可以通过 BOT、BOOT 的具体模式开展项目。其中 BOT 模式具体为建设—运营—移交、BOOT 模式具体为建设—拥有—运营—移交。通常这类项目具有完善的收费标准和相关基础并且其经营收费足以满足其项目投资成本。对于收益较低，且营收无法完全覆盖成本的项目，需要政府对其提供另外的补贴支持。这一类准经营性能够通过政府给予的特许经营权，采用 BOT 或者 BOOT 的模式开展项目工作，并在此过程中获得一部分补贴或者直接投资。在此过程中，还需要健全与投资、补贴相关的协同机制，并且同时为投资者的收益营造良好的条件。对于非经营项目，其通常缺少项目开展相关的付费基础，并且需要政府付费才能够组成投资成本。非经营项目的运营模式可采用 BOOT 或者委托运营等方式进行，并且在此过程中需要提高购买内容的合理性，提高资金的利用效率。

应当建立健全 PPP 项目开展的工作机制。主要包括协调机制、联审机制的建立、价格管理体系的规范、专业能力提升 4 个方面。协调机制方面的工作应当落脚于分工明确以及各单位协同推进，在规划、土地、价格等各个部门之间形成紧密的联系，产生的合理保证 PPP 项目的稳妥开展。联审机制的建立健全，根本目的是提高工作效率，联审主要是对项目的合理性、合规性、适用性、项目运作所需要的财政能力以及价格的合理性等各个方面进行评估，从而提高项目的可行性，尽可能实现物有所值。价格管理方面的规范化开展的重点应当放在补偿成本、收益的合理性以及资源的节约程度等方面上，进一步加大成本相关工作的监管力度，促进价格水平的理顺。对价格行为的强力监管，能够有效地避免项目法人在项目中的不合理获利、不合法行为，实现定价、调价的合理性、科学性、透明性。最后一部门是专业能力提升方面的工作，通过各类机构的引导力和积极性，能科学合理地开展资产评估、核算、补贴补偿以及合同管理、投资融资等方面的工作，实现科学决策，提高项目的专业性和实施效率。

应当强化对于 PPP 项目的管理作用，提高其规范性，主要包括项目遴选、伙伴选择、绩效评价、退出机制等 5 个方面的内容。其中有关项目储备方面的工作主要包括 PPP 项目的总体规划、综合平衡和储备管理 3 个方面的内容。项目储备工作的开展需要契合当前社会发展的实际需求，同时需要满足政府投资高效配置的要求以及项目布局的合理性要求。项目遴选的主要内容为按照不同项目条件的成熟性要求，择优选择潜在价值更高的项目，选择的过程需要各行业主管部门以及项目实施机构等多方面共同完成，在此过程中还需要编写具体的遴选实施方案，并对项目相对应的经济技术指标、产品服务的技术标准以及投资构成、回报等方面的事项进行综合的分析。伙伴选择的主要工作为按照公平择优的原则选择适当的社会资本作为政府资本的合作伙伴，评价的标准主要包括管理水平和能力、专业技术能力、自身资本实力和融资能力以及信用水平等多个方面，竞选的方式包括各种招标以及竞争性谈判等方式，整个伙伴选择的过程应当满足《招标投标法》《政府采购法》等法律的规定。绩效评价等方面的工作的主要内容为对产品和服务等成果的数量和质量、资源配置效率等角度进行全面的定量分析和评价。评价和监督的结果应当尽可能地向社会公示，并且使之影响到项目的合作期限以及政府能够提供的最大财政补贴等方面。在项目完成后，还可对于整个项目的成本效益情况、工程实施的质量、群众的满意程度进行后续的评价，其结果应当被考虑到 PPP 模式的进一步完善工作中。退出机制的内容主要是当项目遇到了突发情况造成项目在规定时间节点前提前终止时，项目实施机构应当积极有效地进行后续工作的接管，做好衔接工作，保障项目继续开展不停止，尽可能地保护公共利益。在项目完成后，应当根据相关的合同条款完成后续的项目移交、移交方式和移交标准，同时进行项目的验收以及资产交割等。

完善 PPP 项目相关的政策制度，强化政策保障，主要包括完善投资回报机制、加强政府投资引导、加快项目前期工作、做好综合金融服务 4 个方面的工作。其中对于投资回报机制的进一步完善主要是对于由中央完成定价工作的这一类项目，可一定程度地放开其价格管理权限，从而实现价格管理体制的变革。同时在完成土地、物业等各类资源的配置工作时，通过价格管理权限的下放，并在相关法律法规的允许下，吸引更多的社会资本实现更加稳定的投资回报。此外需要通过调整和优化投资方向从而实现政府引导作用力的强化，具体的引导方式主要包括了投资补助、担保补贴、贷款贴息等。通过提高政府投资资金的配置效率，才能够提高配套投入的优先级，为 PPP 项目的按期开工、高效运行提供保障。再次需要政府联合相关的管理部门完成并联审批机制的完善和成熟，从而推进项目前期的审批、准备工作的开展。前期的准备工作内容主要包括项目场地的选址和规划以及相对应的一系列审批环节，并联审批机制对于前期工作的推进应当是满足科学论证并且满足相关的办理流程的。前期准备工作的快速推进能够更快地落实必要的建设条件，同时加快建设速度。最后还应当完成好综合金融服务的相关建设工作，主要包括财务及融资方面的顾问、银团贷款等多种服务类别，推动其尽可能地参与整个项目的全阶段能够实现融资渠道的拓宽，吸引更多的基金和投资者。

切实有效地实施政府和社会资本合作相关的示范推进、信用建设、建信息平台等。通过在不同地区中选择市场发展程度较高同时负债较少且社会资本较充裕，足以满足 PPP 项目运作的市县，或者在各类项目中选择收益较高、较稳定并且社会收益较大的项目作为示范，以此推进其余 PPP 项目的运作，通过经验总结和分享以及相关的宣传、交流作用，从而达到示范带头、带动效益较差项目的作用。除此之外，PPP 项目的正常运作离不开诚信，有必要推动企业、政府乃至全社会的信用体系建设。在此之中，政府需要维持其政策的长期稳定，不应当朝令夕改，还应当依法行政、认真履约，在项目运作的各个阶段避免执行不当干预和地方保护，积极实现其承诺，维护合同约定。而对于社会资本，则应当守信自律，努力增强诚信经营、诚信合作的意识。此外，还应当搭建完善的信息平台，并将其有效运用于 PPP 项目中，充分地发挥其桥梁纽带作用。信息平台中的信息主要包括项目相关的详细工作流程、相关的绩效评价方式、评审标准、项目相关的各方信息、现有的实施情况等，信息平台中所颁布的信息应当具有较高的时效性和准确性，信息披露的过程应当是公正透明的，应当受到全程监管的。最后，还应当推动实施相关的宣传工作，通过大力宣传 PPP 项目合作的经济意义、社会意义，做好有关的政策解读工作，通过经验总结、案例分析等，创建完善、规范的合作机制、创造和谐的合作氛围、营造积极的合作理念，真正切实地将政府、市场和社会资本的力量结合在一起。

充分利用政府和社会资本进行合作能够有效地实现投资、融资机制的创新，各级政府和相关组织机构应当对此保持高度重视，不仅需要加强相关的领导，同时应当切实地设计相应的政策措施、管理体系和实施办法。对于每一级的改革部门，应当根据所在地政府的要求，积极地进行 PPP 项目的规划、协调等工作，同时和其余相关部门一起，共同促使 PPP 项目合作的正常运作。

2. 财政部关于推广运用政府和社会资本合作模式有关问题的通知

2014 年颁布的《财政部关于推广运用政府和社会资本合作模式有关问题的通知》指出，应当尽快在全国各省市范围内推动政府和社会资本合作模式（PPP），并促进相关制度体系的健全和成熟，具体内容包括以下几个方面。

在基础设施及公共服务领域建立的基础上，通过来自社会和政府两者资本的融合，使二者取长补短，从而形成一种稳定的合作模式，这种模式被称为政府和社会资本合作模式。在这种模式下，社会资本的主要职责是进行项目设计、项目建设、基础的维护等工作，涵盖了整个项目运作过程中的绝大多数，在这个过程中社会资本能够获得一定量的投资回报；而政府资本的主要职责是进行公共服务价格和质量监管等任务，以尽可能地提高公共利益。现如今，新型城镇化发展战略正在得到有效的实施，城镇化既是现代化所必备的前提要求，同时也能进一步促进经济增长、调节经济结构、提高国民经济生活水平，对于国家治理能力的提高和构建现代财政制度具有重要意义。

政府和社会资本合作模式的进一步深化和利用，不仅能够有效地推动政府职能的转变以及经济结构的转型升级，实现国家治理能力的提升和城镇化建设的进一步深入。在政府和社会资本合作模式的运作过程中，不仅能够有效地推动基础设施建设以及公共服务项目的开展，实现城镇化建设的多通道发展，同时能够充分运用政府所具有的市场监管、公共服务职能，从而有效地提升技术创新的动力和项目管理效率，促进经济的进一步增长。

政府和社会资本合作模式的深入发展，在相关联的财税体制改革以及新型财政制度建设的过程中，是不可忽略的一部分。在财政制度体系改革的过程中，首先需要完善的是跨年度的、长期的预算平衡机制。在此机制下，才能进一步实施中期的财政规划管理方法，从而能够在项目运作后有针对性地编制全面的综合财务报告。政府和社会资本合作模式的根本运作方式主要为：政府在此过程中为购买者，并且提出相应的中长期财政规划、预算收支管理，从而实现财税体制机制改革的进一步深入和高度提升。

积极稳妥地做好项目示范的制度体系建设并开展项目示范。在实施政府和社会资本合作模式的过程中，地方各级财政部门以及相对应的政府不仅需要做好该模式所包含理念和方法的推广工作，同时应当进行相关的制度、政策体系设计工作，根据政府主导、社会参与的原则，对项目运作过程中的项目类型定义、采购程序规定、融资方式及比例管理、项目运作时的监管方及监管方式、对项目产品的绩效评价等进行详细而全面的规定，从而探索一系列具有新特征、新规范的基础设施项目。

确定示范项目范围。对于具有较高灵活性、市场化程度较高且投资规模大并且追求中长期稳定的项目而言，可将其列为适用于政府和社会资本合作模式的项目。在具体设定示范项目时，财政部门应当将主要的注意力放在供水、供电、供暖等城市基础设施建设以及城市安居工程、公共交通、医疗和养老等公共服务设施上，并且择优选择信息透明、发展稳定且资金流充足的项目。

加强示范项目指导。通过合作项目库中的典型案例能够为不同资本之间的合作提供参考。典型案例所具有的指导性作用能够在项目运作过程中的论证阶段、具体交易结构及方式的设计阶段、对于可选合作伙伴的选择方式、具体的融资比例、合同内容的管理方式以及对项目产品的绩效评价方式等角度提供全面的技术支持。

完善项目支持政策。财政部需要对现有的资金渠道、支付方式进行充分的研究和分析，通过对示范项目进行大力资本支持从而探索新的政策。在此之中，对于信誉较高、积极性较强、自身实力雄厚的运营商和金融机构应当鼓励其进入示范项目的建设、运营、投融资以及保险等业务的过程中。各级财政部门同时应当根据自身的资本实力，在项目运行的前中期提供一定的补贴，有力地保障示范项目的正常运作。除此之外，各级财政部门还应当综合分析项目中各方面的风险情况，科学合理地指定费用补贴的具体方式和加大补贴的力度，充分考虑社会资本所能达到的合理收益。

着力提高财政管理能力。在项目合作建设过程中，其整个生命周期较长，并且会涉及各个方面，具有较多的组成部分、较高的复杂程度，并且对于不同行业的要求具有明显的差别。因此，在项目合作建设过程中，政府应当着力提高财政管理能力以应对项目所具有的负责性。在此之中，各级部门应当根据公开、公平、公正的理念，在项目各个环节中充分探索高效的管理模式，从而达到中长期可持续发展的目标，切实有效地提高市场的作用。项目风险分配的具体原则是主要风险由最合适的一方进行承担。例如商业风险应当主要由来自社会层面的资本承担，而政策、法律相关的风险则应当主要由政府承担。

认真做好项目评估论证。作为项目评估论证阶段的主体部门，各级财政以及行业主管部门应当积极实施相关的工作。其中具体的实施过程不仅需要满足现有政策法规要求，同时应当在传统评估方式的基础上进一步引入物有所值的评价理念和方法，对可选的项目进行严格筛选。若无法有效、科学、全面地进行评价，还可借助外界专业机构的力量进一步对评估进行补充。在对具体项目进行评估论证时，需要充分利用对比的思路，将现有采购模式与传统采购模式中的各个角度作比较分析，从而能够从项目整体的角度评估项目合作后所能够提高的服务质量和运营效率，以及成本等。除此之外，还应当充分对公共服务需要、项目各方对于风险承担的责任划分、项目最终产出产品、服务的标准以及相关的绩效指标、具体可选择的支付方式、融资方案、可提供的财政补贴等，从而能够推动激励相容的实现。

规范选择项目合作伙伴。在现有的采购信息平台的基础上，各级财政部门应当强化采购过程中各个环节的规范制度和严格管理。采购方式的创新应当是以"物有所值"为根本的追求目标，合作伙伴的选择应当符合《政府采购法》等相关法律的规定，并且严格按照专业资质、技术能力水平、经验丰富程度、自身经济实力等各方面进行综合评估，采取优胜劣汰的方式作出选择。

细化完善项目合同文本。项目合同的细节优化需要财政部门以及行业主管方等多方面共同努力协定才能够实现，细化工作的重心应当主要放在项目自身的功能需求、对绩效指标的定量要求、争议发生后的解决方案以及退出安排等重要部分。根据现有的国内外研究成果、实践经验，财政部门应当从标准化的资本合作模式、操作指南等方面进行项目合同文本的设定和完善。签订的具体合同中，具体条款应当由财政部门、行业主管部门、专业技术机构等多方协商得出，从而提高合同内容的全面性、规范性和有效性。

完善项目财政补贴管理。例如某些项目在运营中所产生的实际收入较低，无法完全抵消成本和收益，但该项目的完成能够显著提高社会效益并且提高社会资本的合作积极性，相关财政部门对于这类项目可进行一定程度的补贴。除此之外，财政补贴的金额、比例应当以项目运作过程中的绩效为基准，同时应当分析产品、服务等方面的价格以及项目运作前的建造成本和实际运作时的运营费用等各方面角度综合评定。要想进一步地健全补贴制度，就要促进"补建设"向"补运营"的变化，建立一种动态的补贴机制，不仅需要将其归入统计政府的财政预算当中，还需要在更长期的规划中将其纳入统筹考虑的范畴。

健全债务风险管理机制。不同级别的相关财政部门不仅需要科学地规划其财政支出，还需要对其政府付费能力以及所能具有的财政承受能力进行评估，该规划针对整个项目全流程等中长期。在进行项目的收益、风险分担机制评估时，负责部门还需要充分分析风险转移意向以及整个市场层面的风险管理能力等方面，尽可能地降低政府的负担和经济风险。省级财政部门作为地方财政的领头人，需要从顶层设计等制度建设的角度切实地降低和防范财政风险。其中制度建设主要包括名录限制方面的管理制度以及财政补贴支出统计等方面的监测制度，对能够提供的最大补贴金额、最多可承受的债务和风险进行严格控制。

稳步开展项目绩效评价。作为项目运作的领头人，省级财政部门要充分发挥其带头作用，对各行业的主管部门起到全面、严格的监督作用，并且加大对产品、价格、服务质量等关键方面的监管力度，建立健全包括政府和客户在内的评价体系制度，从而实现对企业项目运作过程中所达到的进展程度、运营管理的效率、资金使用的情况和利用率以及公共服务质量的水平等各方面实施完整的绩效评价体系。并且绩效评价结果必须对公众完全开放，从而接受来自社会各方面的监督。同时，评价的根本目的在于促进项目的自调整、提高其公共服务质量和创新管理能力。

加强组织和能力建设。具体包括促进专门机构的设立、持续开展能力建设、强化工作组织领导等措施。通过设立专门的机构，促进社会资本与政府的合作，推进项目评估、业务指导、信息管理等工作的开展，并进一步推进能力建设，着重专业人才的培养，推广政府与社会资本合作的方式，提高市场主体的共识水平，营造和谐的整体氛围。最后，通过严格要求工作组织领导，使财政系统中各级单位清楚认识到自身的职责，提高对自身的要求，并且还需要在各部门之间建设协调、高效的工作协调机制，提高工作效率。

第 4 章

PPP 投融资模式分析

4.1 我国 PPP 投融资情况

4.1.1 我国 PPP 投融资模式的类型和特征

1. PPP 模式的类型

PPP 模式本质上是一种公私合作关系，因此，鉴于运营项目的不同类型，公共部门和社会资本之间存在不同形式的合作。从 PPP 项目在我国的应用情况以及 PPP 项目的主要类型和世界各国的分类标准来看，PPP 可以按照私有化程度不同分为 3 类，如图 4-1 所示。

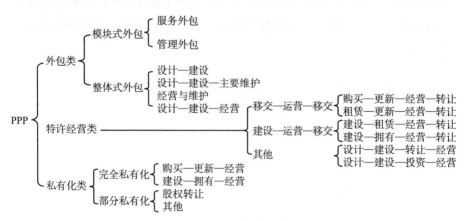

图 4-1 PPP 模式分类

其一，外包类。此类项目通常由政府投资，然后将整个项目中的一个或多个分配给社会资本。在这种情况下，社会资本收益是通过国家付款获得的。在进行 PPP 外包时，社会资本的风险相对较小，操作相对简单。

其二，特许经营类。在特许经营项目中，社会资金和政府部门通过一定的合作机制共同实施项目，具体的合作条件如投资、风险和收益由特许经营协议确定。根据项目的实际利润，政府部门可以向社会资本提供部分补偿或收取一些费用。通过这种方式，政府机构与社会资本之间的利益分配谈判非常重要，这在一定程度上影响着项目合作的成败。项目的所有权最终属于政府部门，政府部门可以有效监督项目的运营。运营期满后，社会资本应将项目使用权转让给政府部门。参与专业社会资本服务也提高了公共服务的质量和效率，以满足消费者的需求。该类 PPP 模式主要分为 TOT、BOT 和其他 3 类。

其三，私有化类。在公共产品私有化的情况下，社会资本应负责所有投资以及项目的建设和运营。在政府监管下，社会资本可以通过向用户收费进行再投资和获得盈利。由于私有化 PPP 项目的所有权是永久私有的，不具有有限使用的特点，因此这些项目的私有化程度最高，社会资本承担的风险最大。

2. PPP 模式的特征

PPP 模式最主要的三个特征：伙伴关系、利益共享和风险共担。

伙伴关系。伙伴关系即公共部门与私营部门的合作。在 PPP 项目中，政府和社会资本有着共同的目标，在合作过程中，双方均想以最少的资源实现各自利益的最大化。

利益共享。利益共享是 PPP 模式的第二大特征。在 PPP 模式中，政府和社会的最终目标有些许不同，政府希望增加公共产品和服务的供给和质量，社会资本希望从项目中获取最大利润。

风险共担。风险共担是 PPP 模式不同于其他形式的公共和私人商业交易（如公共采购）的一个重要标志。在 PPP 项目中，政府根据自身优势承担尽可能多的政治和行业风险，而社会资本则承担更多甚至所有的运营风险，以提高项目的运营效率，发挥"1 + 1 > 2"的效果。

4.1.2 我国 PPP 投融资模式推进情况

PPP 投融资模式已成为我国社会经济增长和解决民生问题的重要手段。随着 5G、数字、物联网、区块链时代的到来，PPP 项目模式发生了巨大的转变，新的模式将转换经济动力，从而带来新的投资机会。在之前的投融资模式中，提供资金的对象往往是政府。最近几年，政府的角色正在逐步发生转变，由资金的提供者向 PPP 项目改革的推动者和协调转变，对于某些改革中遇到的障碍，更需要政府从中发挥自身作用，协调融资模式和新兴产业的共同发展，从而刺激市场调节作用，激发企业的投资行为。PPP 模式从 2014 年以来不断从高速发展向高质量发展转变，成为基建项目和公共服务领域的重要推手；同时，在出台的一系列文件的监管下，PPP 模式的滥用现象得到了合理的控制，PPP 模式正向着积极的方面不断发展。

1. 市场成交情况总结

财政部 PPP 项目规模逐年缓慢递减，但管理库在库项目规模逐年显著增加；全国 PPP 项目成交数量和规模均呈现下降趋势，民企在市场中的占有率逐年下降；央企中标的 PPP 项目整体落地率较高，从企业性质来看，央企及下属公司牵头中标的 PPP 项目整体落地率要领先于其他性质的企业。从上市类型来看，在 A 股上市的企业牵头中标的 PPP 项目整体落地率要领先于其他上市类型的企业。从政府参股情况来看，项目公司中政府参股的情况比较普遍。

2. 基础设施及投融资领域政策总结

PPP 政策总体上趋于缓和，自 2017 年以来一直是标准化发展的主基调。在设计层面上下功夫，在最高层面上合法化。《国家投资条例》的颁布填补了国家投资法律法规的空白，对国家投资的合法化、规范化具有重要意义。建设"无废城市"，创建现代农业产业园区，支持横琴国际休闲旅游岛的建设和园区内第三方环境污染的处理，以深入探究采用 PPP 模式支持社会服务部门，如养老服务、现代教育、儿童保育以及城乡废水、废物处理等行业。关于稳定投资，主管当局应积极探索 PPP 与专项债的有机结合，努力吸引更多的社会投资，为促进国民经济稳定增长发挥更大作用。

3. PPP 项目可融资性评估和评级总结

我国市场经济体制与其他国家不同，参与 PPP 项目的社会资本不仅指民间资本，还包括国有资本和混合资本。我国开展 PPP 项目的目的是减轻政府的债务负担而引入更多的资金和技术。然而，根据明树数据的统计报告，近年来许多民营企业对 PPP 项目的参与度并不高，一些国有资本凭借自身的实力、雄厚的资本、所处的社会地位反而成为参与 PPP 项目的主力。这违背了从民间汲取资金和技术的初衷，想要参与到 PPP 项目中，需要私营企业也具备与国有企业相当的实力，才能与国有企业相匹配。

PPP 项目的初衷是鼓励更多的民营企业参与其中，而民营资本参与低的主要原因并不在于 PPP 项目本身规模大、周期长等特征，而根本在于 PPP 项目投资的融资成本高，而回报率却很低。项目融资是一项高风险、高杠杆、资金密集的机制。与普通融资不同，贷款人主要关注由单个项目产生的收入，这个收入既作为还款来源又作为风险承担的保障，而造成民营企业参与度不高的原因还有一方面是因为缺乏专业的金融机构对 PPP 项目的风险进行专业的评估，缺乏完整的评估机制。PPP 项目的偿债来源是以未来收益为基础，因此本质上是一种创新型的融资项目模式。金融机构和投资机构应主要关注 PPP 项目未来可能的现金流风险，同时应敏锐地判断项目过程中的成本和风险。因此，实现 PPP 项目可融资性评估和评级不仅可以预先评估风险，从而起到降低风险的作用，而且还可以为民企等参与者传递积极信号，提高参与者的信心，增加参与度。

4. PPP 项目绩效管理总结

PPP 项目正逐步进入运营期，其绩效评估非常重要。项目的复杂性和长周期性对项目的运营和管理提出了更高的要求。借助系统或平台的绩效管理体系，不仅可以有效响应国家和地方的政策要求，还可以将 PPP 合同管理要求应用于项目，实现 PPP 项目的公共服务效益，确保完成相关政府服务的 PPP 绩效评估；同时，绩效管理系统应整合整个项目生命周期和所有利益相关者的信息，促进相关政府服务部门和项目企业共同参与项目绩效管理，确保评估项目的公正性和信息的公开性；在绩效评估和计算等方面提供有力支持，并支持项目目标的实现；在基于 aPaaS 的绩效管理和项目绩效管理系统中引入新的技术工具，包括大数据和物联网，促进缩短用户等待时间，提高用户管理的自主权，减少用户的重复工作，提高项目实施效率。

4.1.3 我国 PPP 模式面临的问题

PPP 模式是一种新的投资机制，在我国尚属新生事物。面临的困难和主要挑战是缺乏 PPP 类型的专门立法，政府、投资者和监管机构的责任不明确，监管和融资困难。

1. 缺乏权威 PPP 模式的法律法规

任何项目的实施都应在权威的法律法规之下，但我国现阶段并没有相对完善的法律法规支撑 PPP 项目的运行。就目前来看，有关 PPP 模式的法律法规主要是《关于推广运用政府和社会资本合作模式有关问题的通知》及《国务院办公厅关于政府向社会力量购买服务的指导意见》。有的地方为适应当地发展，颁布了一些指导性意见、部门规章及管理条例，这些条例的颁布不利于国家对 PPP 项目的统一管理，甚至会造成某些法律法规互相冲突。

2. 政府与投资建设商的职能界限不够清晰

目前社会对 PPP 模式的认知还存在明显的误区，参与者均把 PPP 误认为是一种城乡融资模式，并将其当成投资工具和政策安排；同时，在项目运作过程中合作双方存在责任和义务不清楚现象，有的投资者为追求利益最大化，不承担相应的责任和义务，最终偏离了 PPP 项目的初衷。

3. 对 PPP 模式进行监督并不容易

PPP 运作模式是政府与私营企业签订的有关某种公共物品和服务的协

议。私营企业作为投资人，由于 PPP 项目运行周期长，所以政府要求私营企业在一定周期需达到一定的经济、社会、生态效益，但涉及项目的细节部分如何监督、由谁监督并没有一个共同的评判标准，以及项目的效益和绩效该采取何种方式进行评判也是一个具有争议的难点。

4. 私营业主融资有可能出现"瓶颈"

PPP 项目周期长、规模大，融资相应变难，融资选择变少，使私营企业在 PPP 模式中处于不利地位，制约了项目长久持续发展；此外，在 PPP 模式中，政府与私人部门对于风险的分配难以达成一致，这将延缓项目进程，增加交易成本。而在真实的项目建设过程中，很有可能出现"半拉子"工程、"腐败工程"，增加社会不稳定风险。

4.2 我国 PPP 投融资的统计分析

4.2.1 我国 PPP 项目发展的总体现状

党的十一届三中全会提出，"吸引社会资本投资运营城市基础设施，包括特许经营"，是 PPP 模式真正发展的开始。2014 年，对地方政府举债的监管加强，城投公司的政府融资职能被剥离，PPP 模式的发展得以推动。2015 年，在经济衰退的影响下，政治重点从减少供应转向增加需求。自 PPP 模式在中国开始发展以来，政府采取了多项政策措施支持 PPP 模式的发展。2017 年 11 月，财政部下发 92 号文件，要求清理不合格 PPP 项目，PPP 已进入监管。2018 年 4 月发布《关于规范金融机构资产管理业务的指导意见》，加强对 PPP 项目融资的监管，整体市场开始稳定，2018 年 9 月推出增长刺激政策，2019 年中央及各部委出台的与 PPP 直接相关的政策超过 50 个，政策总体趋于缓和。

近年来，财政部 PPP 项目规模整体呈逐年下降态势，但管理库在库项目规模逐年增长，具体增长情况如表 4 - 1 所示。

表 4 – 1 　　　　　　　　 **2020 年以来我国 PPP 在库项目现状**

类别 项目	数量（个）	投资额（亿元）	同比（％）	2014 年以来，累计入库项目 9 870 个、投资额 15.2 万亿元；累计签约落地项目 6 831 个、投资额 10.9 万亿元，落地率 69.2%；累计开工建设项目 4 136 个、投资额 6.4 万亿元，开工率 60.5%
新入库项目	877	14 635	− 22.2%	
净入库项目	430	8 361	− 17.2%	
签约落地项目	501	10 345	− 51.0%	
开工建设项目	428	7 803	− 64.3%	

从地区来看，2020 年以来在库项目投资额净增量前五位是云南 2 041 亿元、山西 841 亿元、四川 824 亿元、江西 691 亿元、天津 637 亿元；从行业来看，2020 年以来在库项目投资额净增量前五位是交通运输 4 611 亿元、市政工程 2 436 亿元、林业 691 亿元、生态建设和环境保护 466 亿元、水利建设 400 亿元。近年来我国全口径 PPP 项目成交数量及规模整体均呈先增后降态势，近两年来整体均呈下降态势。2020 年我国财政部 PPP 在库项目数量和项目规模整体较为稳定。

4.2.2　我国 PPP 投融资的统计分析

1. PPP 项目分类分析

分区域来看，华东和西南的 PPP 项目规模总体较大，其中贵州、河南、山东等地的 PPP 项目规模比较大；分行业来看，市政工程和交通运输类 PPP 项目规模仍最大，其次，生态建设与环境保护、城镇综合开发等行业的项目规模也较大。

其一，分区域分析。2020 年以来，在库项目数净增量前五位是江西 67 个、辽宁 56 个、河南 50 个、广西 49 个、广东 47 个，在库项目投资额净增量前五位是云南 2 041 亿元、山西 841 亿元、四川 824 亿元、江西 691 亿元、天津 637 亿元。按累计项目数排序，管理库前五位是河南 803 个、山东（含青岛）762 个、四川 572 个、广东 566 个、贵州 548 个，合计占入库项目总数的 32.9%。按累计投资额排序，管理库前五位是云南 13 395 亿元、贵州 12 095 亿元、四川 10 899 亿元、河南 10 302 亿元、浙江 9 897

亿元，合计占入库项目总投资额的 37.2%。

其二，分行业分析。管理库共包括能源、交通运输、水利建设、生态建设和环境保护、市政工程、城镇综合开发、农业、林业、科技、保障性安居工程、旅游、医疗卫生、养老、教育、文化、体育、社会保障、政府基础设施和其他 19 个一级行业。

2020 年以来，在库项目数净增量前五位是市政工程 232 个、林业 56 个、交通运输 39 个、水利建设 27 个、教育 23 个，在库项目投资额净增量前五位是交通运输 4 611 亿元、市政工程 2 436 亿元、林业 691 亿元、生态建设和环境保护 466 亿元、水利建设 400 亿元。管理库内各行业累计项目数及投资额如图 4 - 2 和图 4 - 3 所示。其中，累计项目数前五位是市政工程 4 025 个、交通运输 1 356 个、生态建设和环境保护 942 个、城镇综合开发 619 个、教育 470 个，合计占管理库项目总数的 75.1%；累计投资额前五位是交通运输 50 407 亿元、市政工程 44 003 亿元、城镇综合开发 19 437 亿元、生态建设和环境保护 10 454 亿元、旅游 4 220 亿元，合计占管理库总投资额的 84.4%。

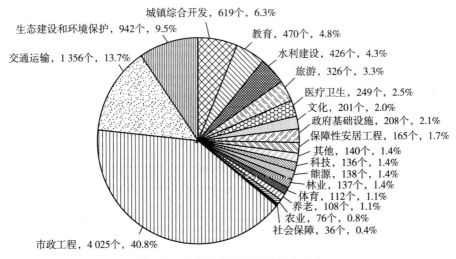

图 4 - 2　管理库累计项目数行业分布

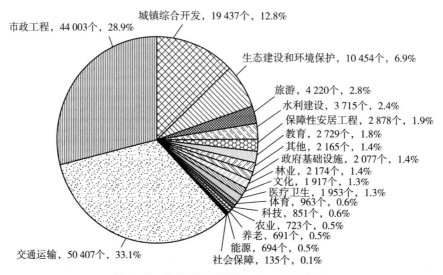

图 4-3 管理库累计项目投资额行业分布

2. 签约落地项目情况

其一，分地区分析。截至 2020 年 10 月，2014 年以来累计签约落地项目 6 831 个、投资额 10.9 万亿元，覆盖除西藏以外的 30 个省（自治区、直辖市）及新疆生产建设兵团和 19 个领域。管理库累计签约落地项目数排名中，山东（含青岛）558 个，居各省之首；河南 464 个、浙江 432 个、广东 427 个、安徽 421 个，分别居第二至第五位；累计签约落地项目投资额前五位是云南 10 050 亿元、贵州 9 759 亿元、浙江 8 572 亿元、四川 6 829 亿元、河南 6 732 亿元。落地率分别是，北京 73 个项目中签约落地 66 个，落地率 90.4% 居全国第一；安徽 479 个项目中签约落地 421 个，落地率 87.9% 居全国第二；浙江 513 个项目中签约落地 432 个，落地率 84.2% 居全国第三；宁夏 44 个项目中签约落地 37 个，落地率 84.1% 居全国第四；福建 361 个项目中签约落地 303 个，落地率 83.9% 居全国第五。各地签约落地项目数、投资额情况见图 4-4 和图 4-5 所示。

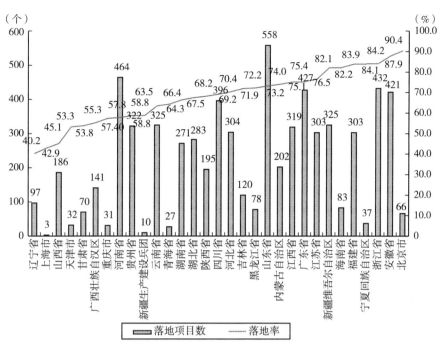

图 4－4　2014 年以来累计签约落地项目数、落地率地域分布情况

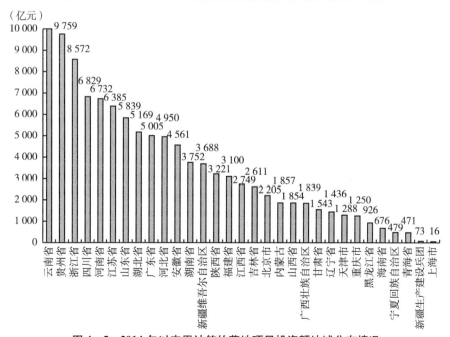

图 4－5　2014 年以来累计签约落地项目投资额地域分布情况

其二，分行业分析。截至 2020 年 10 月，2014 年管理库累计签约落地项目数前五位是市政工程 2 846 个、交通运输 979 个、生态建设和环境保护 661 个、城镇综合开发 419 个、教育 315 个，合计占签约落地项目总数的 76.4%。累计签约落地项目投资额前五位是交通运输 34 593 亿元、市政工程 33 355 亿元、城镇综合开发 14 806 亿元、生态建设和环境保护 7 543 亿元、保障性安居工程 2 596 亿元，合计占签约落地项目总投资额的 85.3%。如图 4 - 6 和图 4 - 7 所示。

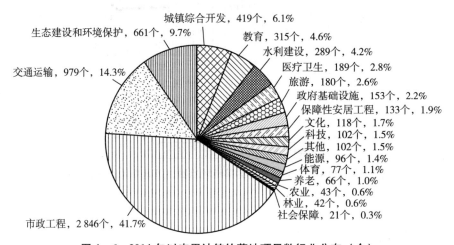

图 4 - 6　2014 年以来累计签约落地项目数行业分布（个）

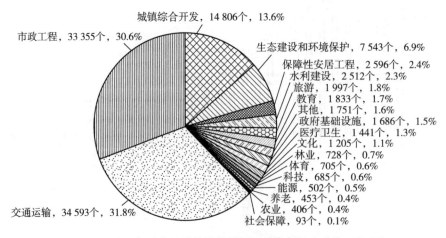

图 4 - 7　2014 年以来累计签约落地项目投资额行业分布（亿元）

3. 回报机制分析

2020 年以来，使用者付费类净入库项目减少 21 个、投资额增加 387 亿元，占今年净入库项目投资额的 4.6%；可行性缺口补助类净入库项目 353 个、投资额增加 7 624 亿元，占今年净入库项目投资额的 91.2%；政府付费类净入库项目 98 个、投资额增加 350 亿元，占今年净入库项目投资额的 4.2%。

2014 年以来，管理库累计使用者付费类项目 608 个、投资额 1.4 万亿元，分别占管理库的 6.2% 和 9.4%；累计可行性缺口补助类项目 5 771 个、投资额 10.4 万亿元，分别占管理库的 58.5% 和 68.4%；累计政府付费类项目 3 491 个、投资额 3.4 万亿元，分别占管理库的 35.4% 和 22.2%。具体见图 4 – 8 和图 4 – 9。

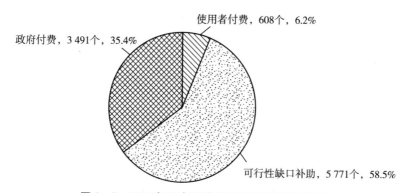

图 4 – 8　2014 年以来累计项目数按回报机制分布

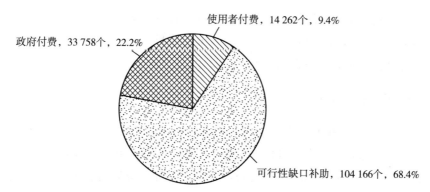

图 4 – 9　2014 年以来累计项目投资额按回报机制分布

4. "两新一重"项目情况

2020 年政府工作报告提出，重点支持既促消费惠民生又调结构增后劲的新型基础设施、新型城镇化，以及交通运输、水利建设等重大工程。

其一，新型基础设施。新型基础设施 PPP 项目包含充电桩、智慧城市、信息网络建设等。截至 2020 年 10 月，2014 年以来累计新型基础设施项目 140 个、投资额 865 亿元，分别占全部在库项目的 1.4% 和 0.6%；其中签约落地项目 105 个、投资额 696 亿元，分别占全部签约落地项目的 1.5% 和 0.6%；开工建设项目 70 个、投资额 476 亿元，分别占全部开工建设项目的 1.7% 和 0.7%。

其二，新型城镇化建设。按照 7 月 22 日国务院常务会议精神和《国家发展改革委关于加快开展县城城镇化补短板强弱项工作的通知》，新型城镇化覆盖城镇综合开发、旅游、农业、市政工程、体育、养老、医疗卫生、生态建设和环境保护旅游、文化、社会保障、教育等 11 个行业。截至 2020 年 10 月，2014 年以来累计新型城镇化项目 6 578 个、投资额 7.8 万亿元，分别占管理库的 66.6% 和 51.4%；其中签约落地项目 4 541 个、投资额 5.7 万亿元，分别占全部签约落地项目的 66.5% 和 52.8%；开工建设项目 2 765 个、投资额 3.5 万亿元，分别占全部开工建设项目的 66.9% 和 55.1%。

其三，重大工程。截至 2020 年 10 月，2014 年以来交通运输、水利建设行业累计项目 1 782 个、投资额 5.4 万亿元，分别占管理库的 18.1% 和 35.6%；其中签约落地项目 1 268 个、投资额 3.7 万亿元，分别占全部签约落地项目的 18.6% 和 34.1%；开工建设项目 774 个、投资额 2.0 万亿元，分别占全部开工建设项目的 18.7% 和 31.5%。

5. 长江经济带分析

长江经济带覆盖上海、江苏、浙江、安徽、江西、湖北、湖南、重庆、四川、云南、贵州等 11 个省市。截至 2020 年 10 月，2014 年以来累计长江经济带项目 4 333 个、投资额 7.8 万亿元，分别占管理库的 43.9% 和 51.5%。项目数前三位是四川 572 个、贵州 548 个、浙江 513 个；投资额前三位是云南 1.3 万亿元、贵州 1.2 万亿元、四川 1.1 万亿元，具体见图 4-10。

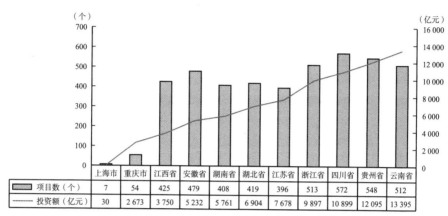

图 4-10 长江经济带各省市累计项目情况

管理库累计长江经济带落地项目总数 3 106 个、投资额 5.9 万亿元，分别占管理库的 45.5% 和 54.3%。累计签约落地项目数前三位是浙江 432 个、安徽 421 个、四川 396 个，累计签约落地项目投资额前三位是云南 10 050 亿元、贵州 9 759 亿元、浙江 8 572 亿元，具体见图 4-11。

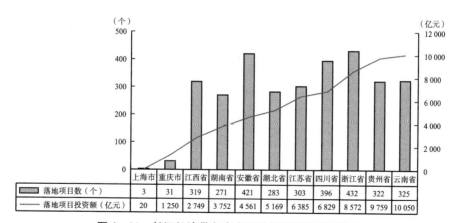

图 4-11 长江经济带各省市累计签约落地项目情况

4.3 重庆市 PPP 投融资基本情况

4.3.1 重庆市开展 PPP 项目的意义

PPP 投融资模式（政府和社会资本合作模式）是公共服务供给机制的重大创新，政府和社会资本合作模式有利于充分发挥市场机制作用，提升公共服务的供给质量和效率，实现公共利益最大化。

以北京地铁四号线的建设为例，北京地铁四号线作为我国第一个真正意义上的 PPP 项目，推动了北京整个地铁运营的快速发展。具体来说，该项目首先解决了资金问题，此项目的总投资为 150 亿元，而北京市政府在该项目里少投资 50 个亿，就能够减轻财政的资金压力，减少了北京市政府的财政负担；其次，北京地铁四号线这个 PPP 项目间接刺激了整个北京地铁的管理和发展，一些该 PPP 项目的投资者大量从已有的地铁运营公司里招贤纳士，原来作为国有企业的职工进入该 PPP 项目后，虽收入可观但工作强度加大，于是有些人又选择了回去，对地铁运营公司的管理系统和管理制度起到了重要的推动作用，该 PPP 项目带来了良性互动和竞争带来的利益；最后，在政府的监督下，同时在透明以及公平操作管理的前提下，由于市政府能够获得更多的数据和相关信息，地铁运营公司的管理效率提高，建立起了更先进、更灵活的管理体制，同时北京市政府通过加强价格行为监管，规范了地铁的票价，防止了社会投资人随意提价损害公众利益、不合理地获利。

我们可以通过这个案例发现地铁四号线对北京市地铁运营甚至中国整个地铁行业的发展产生了积极的影响，既提高了地铁运营的供给效率，又规范了地铁价格管理；同时社会资本的加入分担了北京市政府的风险，也减轻了北京市政府的资金压力。

英国是全世界较早开展 PPP 项目的国家，最初英国施行 PPP 模式是因为公共服务由于政府包揽、缺乏竞争，公共服务效率低、质量差，公众的服务需求越来越难以满足，因此引入社会资本，形成了 PPP 模式，改进了服务的效率和质量。同时，英国政府对 PPP 项目进行了制度化、标准化、程序化的改进。

基于 PPP 项目在英国取得的显著成效以及如今在我国许多城市的成功实施发展，PPP 作为一种创新的投融资模式在我市快速发展。就重庆市政府方面来说，有效地解决了政府项目资金不足，增强公共产品和服务供给能力、提高供给效率，促进了政府职能的转变和计划经济向市场经济的转型，有利于理顺政府与市场的关系，加快政府职能转变，充分发挥市场配置资源的决定性作用；就重庆市的经济发展来说，PPP 项目紧扣"突出问题导向、破除发展障碍，增强发展动力、激发社会活力，释放改革红利、满足群众急需"，有利于创新投融资机制，拓宽社会资本投资渠道，增强经济增长内生动力，有利于推动各类资本相互融合、优势互补，促进投资主体多元化，发展混合所有制经济，对我市经济起着重要的推动作用、重大的意义，具体可分为以下几个方面。

（1）有利于加快转变重庆市政府职能，实现政企分开、政事分开。标准化 PPP 模式可以将政府职能、市场监管、社会资本管理模式和技术创新有机地结合起来，社会资本相关组织机构承担项目的建设、运营和维护等责任，政府发挥监督作用，承担战略制定、市场监督和绩效考核等职责。合作方各司其职，实现政企分开、政事分开，共同维护项目的顺利推进。

（2）有利于打破行业准入限制，激发经济活力和创造力。PPP 模式可以打破社会资本进入公共服务领域的壁垒，鼓励重庆市各类型企业积极参与公共服务基础设施建设，同时给予中小企业更多投融资机会，拓展各类企业的发展空间，激发经济活力，刺激经济发展，有利于形成多元化公共服务资金投资渠道，增强经济活力。

（3）在重庆市推广运用政府和社会资本合作模式，是深化重庆市财税体制改革、构建现代财政制度的重要内容。按照税制改革的要求，建立预算平衡机制，实施中期预算计划管理，编制全面反映政府资产负债状况的经济报告，是现代金融体系的重要内容之一。PPP 的实质是政府购买服务，这需要从单一年份的预算收支管理逐步过渡到加强中长期预算规划，完全符合深化税制改革的方向和目标。

（4）推广运用政府和社会资本合作模式，促进重庆市经济转型升级、支持新型城镇化建设。重庆市通过 PPP 项目加速重庆市基础设施建设、推动公共服务发展，可以推动我市新型城镇化前进步伐，有利于得到多元化投资，从而整合资源，提供更多的就业机会，解决我市民生问题，拓宽中小企业的发展空间，最终有利于刺激经济增长，促进经济结构转型升级。

4.3.2 PPP 投融资模式项目签约和推进情况

在 PPP 模式改革过程中，重庆市位居前列，20 世纪 90 年代，重庆与香港在公交行业方面进行了合作探索。2002 年，重庆水务集团通过 PPP 方式与法国苏伊士集团合作运营重庆北部片区供水服务。同年，重庆通过 BOT 方式，引进社会资本建设和运营同兴垃圾焚烧项目。2006 年，重庆市与外来资本合作并通过 TOT 形式成功实施唐家沱污水处理项目等。其中，重庆江北国际机场、重庆奥体中心等项目，均是重庆政府应用 PPP 模式兴建的大型基础设施项目。从 2002 年起，重庆便筹建八大城投企业，加快推动政府投融资平台模式建设。

值得注意的是，在重庆北部片区 PPP 输水管道项目和唐家沱污水处理项目中，吸取了国内外的经验教训，在选择 PPP 合同交易问题、界定项目范围、定价、成本控制等方面作出了有益的努力和创新，并取得了成功，受到业内专家和同行的好评。重庆早年实施的若干 PPP 项目尤其是水务行业的 PPP 项目，当时创造了国内的若干"率先"。2015 年，财政部和世界银行共同推荐唐家沱污水处理 TOT 项目作为重庆城市环境项目的重要内容之一，入选全球"交付科学（Science of Delivery）"示范项目库（中国当年唯一入选项目）。2015 年 11 月，时任法国总统奥朗德访华，将重庆市唐家沱污水处理 PPP 项目作为首访内容并盛赞项目合作成功，产生了较大的社会影响。

重庆敢于尝试改革基础设施投融资的 PPP 模式，该方式被列为 2014 年 25 项改革重点之一，当时国家尚未得到充分支持，缺乏可供借鉴的系统经验。同时，《关于 PPP 投融资模式改革的工作方案》于 2014 年 7 月正式通过，其中在重庆 25 个先导型专项改革项目中，引导 PPP 模式加快推动基础设施建设成为其中的首要工作任务。所以全国范围内，重庆也由此成为了 PPP 模式推广的先行者。

自党的十八届三中全会以来，重庆市委、市政府深刻把握经济运行

"新常态"和重庆发展"新阶段"时代特征,紧扣"突出问题导向、破除发展障碍,增强发展动力、激发社会活力,释放改革红利、满足群众急需",将政府和社会资本合作(PPP)模式作为推进供给侧结构性改革和培育经济增长新动能的重要抓手,通过抓统筹、建制度、设中心、简流程、推项目,积极稳妥、扎实有效地推广 PPP 改革,连续几年、每年推出千亿元级 PPP 合作项目。截至 2020 年 10 月,重庆市累计 PPP 项目数 54 个,累计投资额 2 673 亿元,其中累计签约落地 PPP 项目 31 个,落地率为57.4%,累计签约落地项目投资额 1 250 亿元;累计开工建设 PPP 项目 18 个,占落地项目比例 58.1%,累计开工建设投资额 444 亿元。参与能源、交通、节水、环保、农业、林业、科技、经济适用房、医疗、保健、养老、教育、文化等公共服务,为稳定发展、结构调整作出了积极贡献,有利于民生和风险防范。

通过对 PPP 项目的推进和改革,进一步激励和释放了社会投资的活力,对重庆市经济发展作出了重要的贡献,主要体现在以下几个方面。

1. 有力促进了投资平稳较快增长

2020 年 1～10 月,重庆市固定资产投资增长 3.3%,其中作为 PPP 改革主推领域的基础设施投资增长 9.6%,这证明 PPP 改革有效激发和释放了社会资本活力,有力保障了固定资产投资力度不减小、重大建设项目进度不滞后。

2. 改善了政府管理

基础设施、公共管理由政府及投资公司直接运作转变为市场法人管理以后,提高了该领域的运行效率和服务质量,更利于市场资源的配置,同时运作过程更加透明,有利于社会各界的监督,从而使 PPP 项目得以长久运行。

3. 推动了混合所有制的发展

PPP 改革实现了国资、民资、外资的有机结合,提升了企业经营、运作、管理等方面的能力。同时通过 PPP 改革,促使国有企业主动走向市场,借助其信用好、资金足、实力强等优势,实现与合作政府的"双赢"。

4. 在一定程度上有效化解了地方性债务

重庆市 PPP 制度设计紧扣政府债务管理这一核心要求，项目交易结构设计紧扣资源平衡这一核心要义。通过 PPP 改革，原本计划由政府和投资集团偿还的一系列债务已在一定程度上直接或间接得到解决。在不断推进大型项目和不断扩大投资的背景下，政府性债务结构将得到优化，债务率和负债率同时降低。

5. 有利于推动体制的创新

PPP 模式不只是一种融资模式，还是一种新的服务方式和管理方式，对政府的管理能力具有很大的挑战，这有利于促进财政管理体制的创新。PPP 模式基于特许经营、结构化融资和项目融资，需要更复杂的财务、金融和法律知识，需要各个金融机构例如商业银行、信托公司、担保公司以及金融租赁公司的服务，这有助于促进金融体系的完善和金融工具的创新。而社会资本进入公共设施领域也需要完善的法律法规，为各个参与方提供权责划分、风险分担和纠纷处理的指导。同时，国家出台一系列优惠政策以鼓励民营企业投资 PPP 项目，从税收、财政、土地方面给予扶持。

6. 有助于构建现代财政制度

首先，PPP 项目是一种融资工具，拓宽了我国地方政府的融资渠道，促进了地方融资平台转型升级，有助于规范我国地方政府的融资行为和建立统一的预算口径；并且 PPP 项目一般具有长期性，这也有利于促进我国财政预算实现中长期的规划。其次，通过 PPP 模式减少财政压力，也缓解了地方政府对土地政策的依赖。最后，在 PPP 项目公开招标时，应选出具有技术和管理优势的民营企业，提高建造和运营的效率；而与此同时，政府担任监督的角色，而这些都有利于提高财政绩效水平。

4.3.3 重庆市 PPP 投融资模式制度建设情况

重庆市在项目选择、项目审查、合作伙伴识别、价格管理、绩效评估等方面不断完善 PPP 投资和融资方式的制度设计，建立良好的政策环境，与相关部门建立协调和促进机制，促进密切合作和后续规划，投资、物价、土地、财政等部门确保项目实施决策科学、流程规范、流程公开、责任明确、进度稳定。重庆市政府第 52 次常务会议审议，并经市委第 86 次常委会会议审定通过了《重庆市 PPP 投融资模式改革实施方案》，发布了《关于加强和规范政府投资项目 BT 融资建设管理的通知》，重庆市财政局发布了关于转发《财政部关于印发〈政府和社会资本合作项目政府采购管理办法〉的通知》的通知。按市常委会要求，市发展改革委及相关部门进一步加大了 PPP 投融资模式的监管，从总体上看，工作正有序稳步推进。

目前，重庆市 PPP 投融资模式制度建设具体情况可分为以下几个方面。

1. 高度重视，统筹建立协同推进机制

2014 年，重庆市委将 PPP 改革作为全市重点专项改革任务强力推进。市政府召开专题会议研究和启动 PPP 改革，确定风险共担、收益共享、交易公平、诚信守约、防止暴利五大原则和市场定价、价格调整、购买服务、资源配置、收益约束五大边界条件，以及防范暴利风险、防范垄断风险、防范标准混乱风险、防范道德风险、防范救助风险五大风险防范等基本操作规则。2015 年，市委常委会专题听取 PPP 试点情况汇报，强调按"六个严格"要求稳步推进改革，即严格制度设计、严格审批程序、严格交易出让、严格监管运行、严格退出机制、严格责任追究。重庆市建立完善了市政府重大项目调度会总调度，市发展改革委牵头，财政、国资、国土房管、建设、交通运输等行业部门各司其职、共同参与的工作机制，有效凝聚工作合力、实现改革"最大公约数"；建立完善了区县和企业提出、行业部门初审、发展改革部门牵头复审并报市政府决策的审查机制，确保PPP 项目审批流程求真务实、精简高效。

2. 制度先行，不断完善监管程序和规范要求

重庆市坚持制度先行，按照 PPP 改革需求导向、问题导向，2014 年 8 月市政府印发《重庆市 PPP 投融资模式改革实施方案》，定方向、定思路、定原则。针对试点经验和风险盲点查找情况，2015 年 12 月市政府印发《关于稳步推进 PPP 投融资模式改革有关事项的通知》，进一步强调"一事一议"的制度设计、"一事一审"的职能分工、"阳光运行"的交易出让。市发展改革委、市国土房管局、市城乡建委等市级部门分别制定了轨道交通、市郊铁路、土地一级整治、公共停车库等领域 PPP 试点方案，整体形成了全市 PPP 改革"1 + X"制度体系。

3. 因地制宜，创新设立 PPP 中心

依托、引进高水平、高质量智库机构为 PPP 改革提供技术支撑，是我市 PPP 改革取得成效的重要经验。与全国大多数省市建立的 PPP 中心不同，重庆在建立部门协调机制的基础上，依托重庆国际投资咨询集团，成立了重庆 PPP 中心。中心按照市场化、非盈利方式运作，实现了"职能、职数、经费"的"三不增"，主要定位对 PPP 试点工作提供法律和规范文本等技术支撑、为区县和部门提供业务培训和项目筛选等技术服务。中心成立以来，积极开展 PPP 法规、案例、审批等研究，形成专题参阅材料；编制《重庆市 PPP 操作实务指南》，汇编国家和市级规范性文件、成功案例，让区县和企业 PPP 操作层有章可循、有例可考；指导区县、部门和企业梳理策划 PPP 项目，并经高水平专家委员会识别，初步储备 170 个项目、总投资 3 000 亿元；通过组织免费培训、讲座等多种形式，对市、区（县）两级行业部门和企业、金融咨询机构开展多维度、多层面的政策理论及实务案例培训，累计培训近 1 500 人次；举办民营企业 PPP 对接座谈会，推动项目和资金对接等。

4. 一事一议，以项目为载体构建商业模式

重庆市坚持收益共享、风险共担，针对不同项目类型构建合理的商业模式。在红岩村桥隧、曾家岩大桥等市政桥隧中，我市依托既有主城区路桥年费构建"影子通行费"模式，由市级财政根据交通流量实行政府购买服务，在不增加城市居民出行负担的前提下构建起"使用者付费"的收益模式。在轨道交通 9 号线、观景口等大中型水库等项目中，我市通过合理配置资源补充项目盈利条件，充分发挥投资人在投、建、管、融多个环节挖掘潜力、整合资源的能力，既严控概算实现政府支出不增加，又盘活存

量资源实现公共收益不减少。在园区"投资—建设—运营"一体化、片区整体城镇化等试点中,我市探索设立基础设施投资基金,通过投贷协同、投建协同等方式注入资本金,构建多重信用结构,降低融资成本,增强 PPP 项目引领示范效应。

5. 先试点后推广,稳步推进 PPP 项目实施

在持续推进高速公路、供水等传统 PPP 领域项目的同时,近年来,我市针对桥隧等投资大、边界条件复杂的创新领域,通过市级单位先试点积累经验,再逐步向区县项目推广,PPP 改革已从市级层面实现向市区两级全覆盖。针对轨道交通、重大水利等回报周期长、投资人资质实力要求高的重大基础设施项目,摸索出政策允许、市场认同的模式,再逐步向园区"投资—建设—运营"一体化、片区整体城镇化等经营性、复合型项目领域拓展。同时,考虑到民营企业管理效率高、交易成本低的优势,以公园、垃圾处理和医院建设为重点的 PPP 项目应以其合理的经营期和更稳定的现金流吸引更多民间资本参与。

4.4 重庆市 PPP 投融资模式的特点

4.4.1 重庆市 PPP 投融资的主要模式

重庆市 PPP 项目采用的主要是 BOT(建设—经营—转让)、BOT + 财政购买服务、"影子通行费"购买服务的 BOT、整治—移交—出让和园区投资建设运营一体化等模式。比如合川区渠水提水工程、东水门南立交 P + R 换乘中心停车场等就是采用的 BOT 模式。奉节县城乡供水一体化采用的是股权合作模式。永川餐厨垃圾处理厂、大渡口区智慧城市和永川垃圾焚烧处理厂等采用的是 BOT + 财政购买服务模式。歇马隧道东西延伸段和潼南东升大桥等采用的是"影子通行费"购买服务的 BOT。大渡口重钢片区土地一级整治和渝北区空港新城土地一级整治等项目采用的是整治—移交—出让模式。大渡口环保科技产业园开发建设及运营、和渝北石坪标准产房建设运营等项目采取的是园区投资建设运营一体化的模式。

目前 BOT 是重庆市发展 PPP 的最传统的模式。但是我们要提出，不是任何项目都适用于 BOT。随着经济情况、金融环境、国内物价等因素不断地变化，BOT 模式也出现了一系列的问题。如何创新性地应用 BOT，成为当前重庆市发展 PPP 的又一个难题。

4.4.2　重庆市 PPP 投融资模式推进的特点

重庆市 PPP 是在全国 PPP 发展起来后才逐步运行起来的，因此具有 PPP 模式最主要的三个特点：伙伴关系、利益共享和风险共担。首先，伙伴关系是公共和私营部门之间的合作。PPP 项目的核心是政府和社会资本之间的合作和伙伴关系，以实现双方的共同最佳目标。其次，利益分配是 PPP 计划的第二个重要特征。在 PPP 的运作中，社会资本希望从项目中获利，而政府希望增加公共产品或服务的供应和质量。最后，风险分担是 PPP 计划不同于其他形式的公共和私人商业交易（如公共采购）的重要标志。在 PPP 模式中，政府凭借自身优势承担尽可能多的政治和行业风险，而社会资本承担更多甚至所有的运营风险，提高项目的运行效率，从而发挥"$1+1>2$"的效果。以下说明重庆市在发展 PPP 中体现的特点。

1. 以 BOT 为主发展多种投融资模式

在 2014 年开始进行 PPP 以来，重庆市采用最多的就是 BOT 模式。相比于其他投融资主导模式，BOT 具有其他模式所不具备的独特优点。第一，使用 BOT 模式可以降低政府的财政负担；第二，降低风险，社会资本因政府信用担保而使风险降低，政府则因社会资金的投入而降低风险；第三，涉及政府和企业双方，因此协调相对容易；第四，政府和私人企业之间的利益纠纷少；第五，有利于提高项目的运作效率。

2. 重点应用于基础设施项目

在 2014 年重庆拟定的 PPP 投融资模式改革方案中将重庆市未来的 PPP 投融资模式范围做了详细的拟定。（1）经营收费、自负盈亏类项目。（2）财政补贴、购买服务类项目。（3）资源匹配、合理收益类项目。（4）土地整治、收益约束类项目。项目适用于与之最相符的投融资模式，使重庆在发展 PPP 以来就取得了可喜的成绩。从目前重庆市审批通过的 PPP 项目来看，主要发展的是高速公路、停车场、垃圾场和桥梁等大型基础设施。

3. 市场准入审核人性化

并不是所有的 PPP 项目都需要设置特许权或经营特许权，而是在项目的实施过程中根据项目的具体情况来确定什么项目需要特许，什么项目不需要。在确定过程中应根据具体行业及项目的公共性，并结合若干年以来的特许经营项目实践加以确定。

4. 科学合理确定边界条件

科学合理地确定边界条件是 PPP 投融资模式的关键因素之一。重点是对市场化定价机制、公共产品供给能力保障机制和服务水平保障机制进行制度安排，以及有效预防和控制合同履行风险。重庆市在确定边界条件时主要是遵循以下几点。

第一，市场定价。充分发挥市场价格的作用，项目主体自主确定价格，自负盈亏，按照"成本 + 合理回报"原则确定政府定价或政府指导价。同时，价格主管部门要做好价格监督工作，防止项目主体随意抬高价格，损害社会公共利益。

第二，收费定价。关注产品或服务的公共属性，定制合理的计费标准，建立健全收费调整机制，在收费政策范围内，根据当地实际情况和可及性，相应减少财政补贴经济支持社会发展。

第三，财政补贴。如果政府批准的价格不足以抵消项目的运营成本，该资金将根据协议以及对投资者的承诺和合同购买服务来补贴"影子"价格和合同产品或服务的不足部分。

第四，资源配置。以土地开发收益作为投资来源或收益来源的，按照合同约定配置一定数量的土地进行对价。具体根据城市规划合理确定土地及上盖物业开发资源（容积率等条件），参照同期周边邻近地块平均楼面地价确定对价方式，以公开招投标要约条件竞价确定。

第五，防止暴利。PPP 项目允许投资人获得合理范围内的收益，不允许出现暴利。投资人在收益率原则上以银行贷款同期基准利率作为参考，对中长期项目设定适当可浮动的限价，并通过合规的招标方式确定。对土地配置、有经营性收入的项目，应设立超过一定幅度后的溢价共享、亏损共担机制。

5. 创新永不止步

重庆坚持利益与风险共担，为不同类型的项目建立合理的商业模式。在 PPP 投融资模式方面进行了一系列的创新。

一是国家资本让利于社会资本，吸引战略投资者。例如，为了吸引由法国苏伊士环境集团、国开金融等机构联合成立的初始 300 亿元环保集团，重庆水务控股集团创新性地将国家水处理业务对应的资本与社会资本进行合作。

二是利用产业基金形成资金杠杆，通过定向增发解决重大建设项目资金瓶颈问题。2014 年重庆市通过定向增发解决了京东方项目的资本金近 100 亿元，从而实现了投资规模为 200 亿元的 8.5 代 TFT – LCD 生产线项目落地。这种模式创新既能吸引重大产业项目，又能让企业获利。

三是利用投资收益带动 PPP 模式创新。为吸引更广泛的社会资本，降低项目风险，取得更大的项目回报，重庆市提出了 PPP 成本回收的 5 种模式：放开价格全面市场化方案；改革可以带来现金流入但不能抵消交易和投资成本的项目价格；分期购买没有现金流的政府净产品，以平衡投资者的本金和利息收入；对投资巨大、政府难以通过采购平衡收入的项目，以土地出租、出让和上盖物业等方式进行平衡；对能产生超额利润但政府忙不过来的项目，通过合理分成切除超额利润，提供合理报酬。

四是 PPP 资产证券化创新。2017 年 2 月 6 日，国务院办公厅就推进开发区改革创新发展发表一系列意见，指出要吸引社会资本参与开发区建设，探索开发区多元化经营模式。由于小组委员会项目需要大量资金和较长的活动周期，社会资本很难参与。重庆市遵循国家政策方针，准备将资产证券化应用于 PPP 项目，2017 年重庆将资产证券化引入 PPP 项目，对 PPP 项目进行资产盘点，提高 PPP 项目的流动性，鼓励社会资本参与。

4.5 重庆市 PPP 投融资模式存在的问题与原因分析

4.5.1 重庆市 PPP 投融资模式存在的问题

1. 法规效力较低，法律体系待完善

目前全国层面上 PPP 的相关法律法规大多是国务院及国家部委层面的文件，且绝大部分属于对 PPP 模式的指导性、原则性文件，操作性不强，各种文件的内容交叉重复，甚至意见相左。部门之间认识职责分工不清晰，权威的 PPP 立法目前尚未出台，现存部门规章条例层级较低，对 PPP 项目的法律约束效力不足，这在一定程度上阻碍了 PPP 的发展。部委之间多头管理，造成地方在操作过程中存在是发展改革部门还是财政部门牵头实施的两难困境，容易形成部门职能重叠交叉、资源浪费。重庆市日前出台的关于 PPP 相关法律的文件依旧存在以上问题，在 PPP 项目实施过程中缺乏具体方案和准则，资本选择与运营方式也同样存在问题。

2. 专门管理机构缺失，监管体系不够健全

由于 PPP 项目具有较强的专业性，加之其风险性较大，这就需要专门的机构来对项目实施监管，保证项目的运行效率。虽然国家设立了专门的 PPP 中心，但具体项目的实施大多由地方政府执行，而地方政府往往缺乏专门的管理机构。重庆在实施 PPP 项目的过程中因专业机构缺失而导致项目进度缓慢。同时 PPP 项目也存在多头管理的情形，这将导致项目决策缓慢、效率低下等问题，如重庆市第三、第四垃圾焚烧厂项目的准备和谈判过程就用时两年。对 PPP 项目的监管也存在不足：一是现有监管各自为政，没有形成监管合力；二是缺少第三方独立监督。目前，仅有少数地方审计机关探索实施了对 PPP 项目的审计监督，其覆盖的深度、广度还远远不够。

3. 公共项目公私合作的专业及管理人才缺乏

PPP 项目专业性强，涉及较多复杂的法律、金融和财务知识，这就对人才的引进和培养提出了更高的要求。然而，地方政府尚未创造良好的人才培养环境来协调与公共项目公司的合作。在培训专家的实施方式上，私营企业还缺乏技术和管理人才，缺乏提供具体专业服务的中介机构，其结果是带来项目早期谈判周期长，施工负荷高，风险控制效率低，操作过程中经常出现差异等问题。

4. 国有企业参与比重高，偏离政策初衷

PPP 制度的初衷是在公共产品和公共服务领域引入社会资本，并刺激私人投资的可行性。然而，从目前的实施情况来看，我国的社会资本主要是国有企业，而民营企业所占比重不高。在财政部公布的前两批 105 个落地示范项目中，共签约社会资本 119 家，总投资额 3 078 亿元，其中国有企业 65 家，占 55%，民营企业 43 家，仅占 36%。国有企业广泛参与 PPP 项目增加了政府的隐性负债，存在潜在的金融风险，这偏离了政策的初衷。这是因为：一是国有企业参与 PPP 项目，资金来源主要依靠银行贷款，管理不善，资金链断裂后，政府最终会为此买单；二是虽然明确规定"严禁以 PPP 项目名义举借政府债务"，但部分地方政府实施 PPP 项目时，引入的社会资本方是未完成实质性"转型"的政府融资平台，PPP 项目变成了地方政府的变相负债；三是少数地方政府以股代债、以股举债、以股负债，将 PPP 项目变成政府变相负债的一种手段。此外，部分社会投资方信用不足，造成项目烂尾或变相欺诈，也加大了政府财政风险。

5. PPP 项目执行效果较差，违约率高

当前 PPP 项目推进疾步前行，却也问题凸显。在 PPP 项目实施过程中，违约等问题不断暴露出来，社会资本同样也面临这种进退两难的尴尬境遇：如应收账款延期或不足额支付、边界模糊责任界定、公共利益与企业净利润的矛盾、公共部门的管理问题等。由于这些问题的存在，在 PPP 项目中，项目签署、落地、推进等都存在较大难度，成为行业较为普遍的现象。

4.5.2 完善重庆市 PPP 投融资模式的建议措施

1. 进一步完善法律法规和政策制度体系

与 PPP 项目相匹配的法律法规和政策文件应更加具有针对性、更加细化，尽可能适应多方面的 PPP 项目建设过程中的情况。重庆虽已针对 PPP 项目出台了纲领性的指导文件，但兼具系统性和操作指南性的政策制度体系还没有建立，已出台的制度文件在具体的某些环节还存在模糊不清、指向不明等问题，对项目在具体政策把握、指标设定等方面造成困难。另外，政策制度的不完备、不确定以及随意性较强的变动，都很容易对项目顺利开展产生极大的障碍。具体体现在以下方面：在 PPP 项目开展中，由于制度不合理而对其随意改变，进而相应地会导致项目合同内容等各个方面的改变，不利于项目的正常进行，甚至会直接导致项目停止进行。因此，应充分论证和探索重庆市 PPP 制度发展的具体形式和问题，制定相关程序和有效政策，推动重庆市 PPP 制度的本地化和创新发展，提高 PPP 制度运行效率和成功率。

2. 提高政府在 PPP 项目中的信用及决策能力

政府信用在 PPP 模式中发挥着重要作用，若政府没有充分利用信用合理处理好责任和义务问题，将会给项目带来巨大的风险；而在私营企业决策过程中，政府信用占了很大一方面。通常情况下，政府的正确决策将是项目取得成功的关键，但政府在日常的决策过程中常会出现经验不足、程序不规范等问题，从而对项目的顺利进行造成影响。

政府部门在推动 PPP 项目实施的过程中，常常从满足社会公众利益方面来考虑，从而使预期收益和最终盈利出现巨大差别。而私营企业通常以实现利益最大化为目标，更加关注项目的最终盈利，这使政府和私营企业的出发点产生矛盾。具体实施中，与政府部门相比，私营部门需要承担的风险责任更大。在项目利益分配方面，占据主导地位的则为政府部门。所以，在某种程度上，私营部门在与政府部门的合作中，与公共部门间博弈的筹码相对不足，由此很难能够确保私营部门在项目建设中的最终盈利，制约了私营部门参与 PPP 项目建设的积极性。

3. 拓宽融资渠道

PPP 项目对资金的需求较大，且由于自身周期长，收益不稳定，不确定因素多，所以 PPP 项目存在融资困难大、渠道少等困难。目前 PPP 项目的主要融资渠道为银行贷款，除了国开行等政策性银行表现积极，大多数商业银行仍处于相对保守的态度。针对目前状况，建议商业银行转变思维，不断开拓出专门针对 PPP 项目的融资方案和相关业务；同时，保险公司和证券公司也可以参与。保险公司可以为 PPP 项目实施过程中的履约风险、经营风险和不可抗力投保；基金公司还可通过资产证券化、资产管理规划和另类投资等方式，积极参与 PPP 项目。政府应该加强融资渠道建设，分别从债权、财政、股权等不同层面，做好融资渠道扩展工作，全力推动 PPP 模式有序向前发展。加强融资渠道扩展工作，也能够吸引更多的社会资本参与到 PPP 项目建设之中。

4. 加快 PPP 领域队伍建设

PPP 模式涉及金融、财务、法律等多领域专业知识，需要用到一些具有多方面知识和经验的复合型人才，但我国缺乏这类人才的储备，因此我国应加大培养这方面人才的培养力度。第一，可以对相关人员进行专业培训，学习 PPP 项目中会用到的专业知识、基本技能、运作模式等内容，进而培养出所需的专业人才；第二，可以借鉴先进地区和国家的理论和成功经验，组织专业人员进行交流学习；第三，从源头上培养专业人才，鼓励高校开设相应专业学科，带动更多人的关注和学习；第四，从外地或国外引进大量专业人才，为重庆 PPP 基础项目注入新鲜血液。

5. 防范风险

风险转移和风险分担是 PPP 模式的关键环节。在项目的不同阶段会面临不同的风险，原则上，风险应由最能控制其发生的一方承担。业务活动本身产生的风险由投资者承担，但投资者无法控制的风险如政策风险和利率风险，应由公共部门独立接管，或由公共部门和私营部门通过平等协商共同接管。我们必须坚持权利和责任平等的原则，妥善处理政府与市场的关系。运用和推广 PPP 模式的首要问题是处理好政府与市场的关系，严格界定政府与市场的界限。即政府该管的事情必须得到有效管理，需要企业做的事情要合理下放给企业。政府必须做好 PPP 的总体规划，明确适用 PPP 的项目类型，并对相关项目进行分类整理。政府和社会资本必须在平等协商和遵守法律的基础上建立合作关系，PPP 项目必须公开招标。在 PPP 项目的建设和运营过程中，我们必须坚持市场化运作，确保项目质量，降低项目成本。此外，地方财政部门要根据中长期财政规划和项目建设周期内的财政支出，对政府付费或提供财政补贴等支持的项目进行财政承受能力论证。在明确项目收益与风险分担机制时，要综合考虑政府风险转移意向、支付方式和市场风险管理能力等要素，量力而行，减少政府不必要的财政负担。

第5章

PPP 投融资模式审计情况

5.1　PPP 投融资审计的必要性

5.1.1　与传统政府投资项目审计不同

PPP 项目是政府和社会资本双方在友好协商的基础上建立的长期合作关系。PPP 项目的审计在审计内容、审计重心和审计方式等方面异于传统政府投资项目，这是由其本质特征决定的。

1. 审计内容不同

传统政府投资项目跟踪审计主要对建设项目审批文件、项目成本支出、项目招投标过程等的合规性和真实性进行审计；PPP 项目为实现其"利益共享、风险共担"目标，主要方式为公私合作，并且其项目周期通常超过 10 年，投资资金量巨大。除要关注以上审计内容外，还需重点进行审计的部分包括：物有所值评价和财政承受能力论证、风险分配情况、项目绩效考核体系等。这些内容关乎 PPP 项目后续工作开展得成功与否，故成为审计的重点。

2. 审计重心发生转移

PPP 项目审计内容的不同导致 PPP 项目审计重心发生转移。传统政府公共项目审计主要为了维护政府利益，重点审查项目预算的执行情况以及项目成本的真实性。因此审计 PPP 项目时，其审计重心在时间段上应从建设实施转移到项目前期准备和运营维护，并且还需加强对项目前期准备工作、项目实施方案和合同的审计，重视项目建成运营阶段绩效的审计。

3. 审计方式更灵活

国家投资项目的传统审计方法是基于项目图纸，但不能满足 PPP 项目的审计需要。PPP 项目的跟踪审计应采用更灵活的审计方法，例如在现场成立联合 PPP 项目审查小组，并聘请社会专业机构帮助确保和实现项目目标。

5.1.2 PPP 投融资审计的意义

政府融资项目最终是通过财政资金进行回购，即政府融资项目建设资金的最终来源是政府投资。因此，审计部门需依法对政府融资项目进行跟踪审计。

1. 降低政府融资或偿债风险

当投资者需要政府资助项目融资时，他们在很大程度上需要政府的帮助，甚至承诺或保证。投资者通过增加政府融资或还本付息风险的政府贷款来增强自身融资能力。因此，审计机构必须对投资者进行审计，以控制政府融资或偿债风险。

2. 加强外部监督

在我国目前的政府融资项目中投资人与建设方往往是一个主体，并且其通常采用"总承包"的建设方式，该方式会使建设方在项目的勘察、设计、采购、施工、验收等方面有较大控制权，具有"内部控制人"的特征，他们往往会利用控制权谋取不当利益。因此，审计部门代表政府实施外部监督显得尤为必要。

3. 控制不确定因素的影响

政府融资项目一般具有工程技术较为复杂、投资规模较大、建设周期较长等特征。这些特征决定了工程造价受多重变化因素影响，且这些影响因素具有很强的不确定性。因此，加强审计监督，有效控制不确定因素对造价的影响，具有特殊的意义。

4. 建立健全相关法规制度

由于地方政府建设项目采取政府融资建设模式的时间不长，也不很普遍，有关职能部门还没有比较成熟的适合中国国情的监管经验，相关的法规制度尚不健全，有的法规制度甚至不够协调，不一致，匹配度不高，一切都在摸索中。因此，作为专职政府监督机构，审计部门需要对这一新的融资建设模式实施监督，从而促进相关部门加强管理，完善制度，使政府融资建设模式更好地服务于城市建设。

5.1.3 PPP 模式实践应用的现实需要

以重庆市为例，重庆市在 PPP 模式的实践应用过程中，已成功实施了多个项目，对公共产品和服务供给新模式的操作方式进行了初步探索，其积极作用和深远意义毋庸置疑。但在现有 PPP 项目监督体系下，重庆市 PPP 的应用仍然存在许多实际问题尚待解决。如：重庆水务集团项目因风险管理不到位，导致部分项目最后"政府兜底"；此外，重庆市设计奥体中心，并未将运营盈利问题考虑在内，同时也没有建立相应的商业化设施，因此使其在运营期出现收益不足等问题。表 5-1 为重庆市 2014 年 PPP 实施项目名单。

表 5 – 1　　　　　　　**重庆市 PPP 实施项目名单**　　　　　单位：亿元

	一、基础设施			
	（一）铁路　293 亿元			
1	市郊铁路大渡口跳蹬至江津北	45	节点工程已开工	2014 年	铁路
2	市郊铁路铜梁至璧山	48	璧山至尖顶坡段已开工建设	2014 年	铁路
3	市郊铁路北碚至合川	70	节点工程已开工	2014 年	铁路
4	沙坪坝铁路枢纽综合改造工程	130	已确定社会投资人	2015 年	铁路

续表

一、基础设施				
（二）高速公路　652 亿元				
1	成渝高速扩能九龙坡至永川	54	节点工程已开工，沿线征地拆迁工作正全面推进	2014 年	高速
2	南川至两江新区	108	节点工程已开工，沿线征地拆迁工作正全面推进	2014 年	高速
3	三环高速长寿至合川段	100	节点工程已开工	2014 年	高速
4	石柱至黔江高速公路	92	已开工建设	发布	高速
5	渝黔高速公路扩能	55	已确定投资人	2015 年	高速
6	南充至潼南至大足至荣昌至泸州高速	94	已确定投资人	2015 年	高速
7	渝宜高速公路扩能渝北至长寿段	75	正在谈判	2015 年	高速
8	渝蓉高速公路入城连接道	74	正在谈判	2015 年	高速
（三）轨道交通　956 亿元				
1	轨道交通建设项目	520	全面开展土建施工，线路主体工程、站场建设正有序推进	2014 年	轨道
2	轨道交通 9 号线	240	正开展投资人招标	2015 年	轨道
3	轨道交通 3 号线	196	方案已上报市政府	2015 年	轨道
（四）桥梁、隧道　272 亿元				
1	红岩村桥隧	74	已于 11 月复工	2015 年	桥隧
2	曾家岩大桥	38	嘉滨路匝道及北接线隧道施工	2015 年	桥隧
3	巴南区龙洲湾隧道	37	已确定社会投资人	发布	桥隧
4	白居寺大桥	44	主桥桥墩基础施工	2015 年	桥隧
5	郭家沱大桥	35	正在谈判	2015 年	桥隧
6	宝山大桥	27	正在谈判	2015 年	桥隧
7	水土大桥	17	正在谈判	2015 年	桥隧
（五）港口　43 亿元				
1	果园港件散货及铁路作业区项目	43	已开展作业区基础施工	2014 年	港口

一、基础设施				
（六）水库　6 亿元				
1	彭水凤升水库	6	大坝基础开挖	2015 年	水利
二、市政设施　48 亿元				
1	沙坪坝名人广场地下停车库	1	地下空间开挖	2015 年	市政
2	渝北区两路农贸市场等社会停车场	15	已签订正式合同，农贸市场停车场已开工	2015 年	市政
3	江北区嘉陵公园停车楼	1	正在编制方案	2015 年	市政
4	九龙坡区九龙滩滨江公园地下停车库	8	正在谈判	2015 年	市政
5	寸滩水厂	18	已签订正式合同	2014 年	市政
6	主城区智能交通升级改造工程	5	正在谈判	2015 年	市政
三、土地整治　196 亿元				
1	钓鱼嘴南部片区土地整治项目	66	正在开展土地平场并同步开展道路建设	2014 年	土地整治
2	南岸广阳湾智慧生态城土地整治	35	正在开展平场	2015 年	土地整治
3	渝北区唐家沱组团 C、N 分区土地整治	18	场平已完成，正在开展道路施工	2015 年	土地整治
4	鹿角片区储备地整治	40	已确定社会投资人	2015 年	土地整治
5	巴南区滨江片区土地整治	37	PPP 方案已完成编制，即将上报市国土房管局	2015 年	土地整治
四、环保　35 亿元				
1	重庆市第三垃圾焚烧发电厂	20	全面推进征拆和进场道路建设	2014 年	环保
2	重庆市第四垃圾焚烧发电厂	15	已签订正式合同	2014 年	环保
五、卫生　12 亿元				
1	重医附属三院	12	房屋改造已完成，正在开展内部装修	2015 年	卫生
六、保障房　11 亿元				
1	樵坪春晓、巴桂苑保障性住房项目	11	已确定社会投资人	2015 年	保障房

在这种情况下,多层次监督管理体系中的第三方监督主体的作用尤为重要,第三方的独立视角可以为 PPP 项目的绩效提高以及风险控制等提供有力的支持。审计是国家治理的重要工具之一,其监督和建议职能的权威性是确保我国公共项目发展的重要保障。据《审计署 2015 年度绩效报告》,在 2015 年一整年内,审计署共对 376 家单位开展了审计工作,同时对 7 633 家单位进行了延伸审计和调查。在这些审计工作成果中,用货币进行计量的成果达 4 031.97 亿元,投入与产出比约为 1∶260,非货币计量的成果主要包括:提出审计建议 1 456 条,完善相关制度 1 971 项;提交重要审计信息和综合报告 202 份,提交审计报告和专项调查报告 342 份。虽然审计署达成丰硕的成果,但在全面推进审计全覆盖的大环境中,却未能充分发挥审计在 PPP 项目中的监督作用。因此,要在我国 PPP 模式发展进程加快的前提下,进一步加快落实审计全覆盖,在 PPP 项目中高效发挥审计的职能作用。

5.2　PPP 投融资审计的相关政策

2001 年,世界最高审计机关组织出台《PPP 风险审计最佳实务指南》。随后,英国审计局、加拿大阿尔伯塔州、澳大利亚维多利亚州等颁布了 PPP 审计规范文件,建立了 PPP 审计准则,至此 PPP 审计实践取得较快的发展。PPP 审计体系对 PPP 审计的实施起着至关重要的作用,因此,我国审计应借鉴国外先进经验,尽快建立完善的 PPP 审计机制,统一审计主体、审计对象、审计制度、审计标准、审计程序、审计报告、审计方法等要求,尽早将 PPP 项目纳入全覆盖审计监督下,规范其运作方式,促进社会资本投资模式和管理方式取得创新进展。

我国 PPP 模式发展正处于初期阶段,PPP 审计相关制度欠缺,缺乏与 PPP 审计的规范性文件,PPP 审计实践依据欠缺。实践过程中 PPP 审计的实际情况往往是审计单位并没有对一般公共项目和 PPP 项目的本质进行有效区分,对 PPP 项目的审计也完全按照一般项目的审计活动开展,且部分项目的跟踪审计夹杂在专业审计中(例如经济责任审计、国有企业审计等),导致审计情况较为混乱。

国家发改委发布了《关于开展 PPP 项目指导意见》，文件中规定 PPP 模式适用于政府负责提供又适宜市场化运作的基础设施、公共服务类的项目。各地市政工程及城镇化试点项目应优先考虑此模式，PPP 项目一般有明确收费标准，且经营收费通常能覆盖成本项目，通过政府授予参与的社会资本特许经营权，采用 BOT、BOOT 等模式；部分项目经营收费不能完全覆盖成本的，可以由政府补贴项目，或通过政府授予特许经营权附加部分补贴和直接投资参股等方式回收投资资金，采用 BOT、BOOT 等模式推进；无法通过"使用者付费"的项目，且必须依靠"政府付费"回收成本的，可通过政府购买或采用 BOOT 等模式。

2014 年 10 月，《国务院关于加强审计工作意见》（以下简称《意见》）明确了审计指导思想、基本原则等，并立足于我国经济社会实际，以推动政策更好落实，持续对国家重大政策措施和宏观调控部署落实情况进行跟踪审计。2014 年 11 月，《政府和社会资本合作操作指南》（以下简称《指南》）规定，政府部门应对项目进行监管，重点关注公共产品和服务质量、价格和收费机制、环境保护和劳动者权益等。《意见》和《指南》的出台，从制度上赋予了国家审计机关审计 PPP 项目的职责和权限。

5.2.1　完善现行法律，重新界定项目投资对象

《意见》指出，审计机关应审计政策的落实情况，并且管理、分配、使用公共资金、国有资产、国有资源的部门、单位和个人，都要自觉接受、配合审计，不得设置审计障碍。但该意见仅限于制度层面，尚未上升至法律层面。

5.2.2　优化审计模式，创新审计方法

审计机关应考虑 PPP 项目的特点，从关联方利益需求出发，寻找审计的重点关注对象，推行关键环节跟踪审计。不同审计项目，审计机关可尝试不同审计模式。PPP 模式的应用还需与项目本身特点相结合，对其技术要求有所升高，但我国项目审计人员不仅数量不足，专业能力也有所欠缺，基于此，审计机关应完善外包管理体系，扩大项目外包审计范围。

5.2.3 以关联方利益为基点，突出审计重点

对 PPP 项目来说，投资主体利益取向明显不同，政府通常更关注公共利益的维护和实现，希望控制建设项目质量、进度和投资，推动项目，进而实现社会宏观绩效，但社会资本往往更注重项目个人利益和财务收益。因此，审计中要维护好关联方利益，突出审计重点，如表 5-2 所示。

表 5-2　　　　　　　　　　审计重点内容

审计重点	（1）重视对设计概算编制和投资估算过程的审计	投资估算或概算是确定社会资本出资比例及数额，并确定其权利和义务的依据。如果估算或概算不实，将影响模式运行效果
	（2）重视建设期间的质量和进度审计	政府更关注项目的质量和效果，国家审计机关的重点应放在质量和进度审计方面
	（3）重视风险管理和内部控制，加强建设项目管理审计	国家审计机关必须尊重风险导向，将管理控制延伸到内部审计、公司责任控制等方面，体现管理审计的层次性和规律性
	（4）以效果性为导向，开展投资绩效审计	对于 PPP 项目来说，政府更加关注的是 PPP 项目的建设效果和公共服务能力，而合作伙伴的主要利益目标是经济效益

除此之外，PPP 项目与传统公共项目的不同之处在于，PPP 项目资金以社会资本投资为主（见表 5-3）。

表 5-3　　　　　　　　　　审计相关法律

相关法律	规定内容
《审计法》第二十二条	规定了政府审计的范围，审计机关审查范围为由政府财政资金占据全部领导地位的公共服务项目。而 PPP 项目并不在政府审计范围内
《关于政府和社会项目合作指引》	规范 PPP 项目中财政资金占财政预算的比例，不超过规定的预算的 10%，即 PPP 项目中的财政支出可能会影响到财政预算
"十三五"规划	提出应当加强审计，并将其纳入政府审计范围内。"十三五"规划相较于《审计法》其权威性较弱，但其提出的将 PPP 项目纳入政府审计范围内，具有深远的现实意义，PPP 项目理应成为审计工作的重点

5.3　PPP 投融资审计的主要内容

政府投融资项目审计的主要内容包括：项目前期立项审批、可行性研究报告、勘察设计、征地拆迁、设计概算、招投标手续、施工过程、合同管理、签证变更、中期支付情况、竣工验收、结算报告及财务收支情况。根据 PPP 项目的实施流程，PPP 项目审计的重点内容有以下几个方面：

5.3.1　项目识别审计重点内容

1. 项目筛选审计

《PPP 模式操作指南》指出，PPP 项目应符合具有投资高效、价格调节灵活、社会需求稳定、与市场能够较密切结合等特点的要求。项目筛选审计要对 PPP 模式运用的范围进行严格审计把关，确保 PPP 模式运用在规范合理的领域。目前能够采用 PPP 模式的领域有教育、环保、交运、医疗、能源、水利等，大多为公共产品或准公共产品。

2. 物有所值评价审计

《PPP 物有所值评价指引（试行）》规定，若某项目想采用 PPP 模式进行建设，就必须在前期准备阶段，对该项目进行物有所值的合理性评价。并且物有所值，评价同时包含定量和定性两个方面。

定量评价需比较公共部门比较值（PSC 值）和政府方总净成本现值（PPP 值），判断 PPP 模式是否能实现降低项目投资成本的效果。PPP 值小于等于 PSC 值即可通过定量评价，反之则未通过。定性评价一般是邀请专家对项目相关指标进行打分，其评价指标体系包括基本评价指标（权重为80%）和补充评价指标（权重为 20%，根据项目实际确定），如表 5 - 4 所示。

表 5 - 4 　　　　　　　　 PPP 项目物有所值定性分析专家评分

	指标	权重	评分
基本指标	①全生命周期整合程度 ②风险识别与分配 ③绩效导向与鼓励创新 ④潜在竞争程度 ⑤政府机构能力 ⑥融资可获得性		
	基本指标小计	80%	
补充指标			
	补充指标小计	20%	
	合 计	100%	

专家签字：

年　月　日

资料来源：《PPP 物有所值评价指引（试行）》。

3. 财政承受能力论证审计

　　财政承受能力论证审计需结合定量和定性，识别并准确测算 PPP 项目各项财政支出责任，评估实施该项目的影响。

　　一般来说，财政支出责任包括股东的投资责任、经营拨款责任、配套投入责任和承担风险责任。其中，股东的投资责任根据项目的投资方案和财务计划确定。运营拨款的责任通常包括项目建设成本、项目管理费、融资的资本和投资利息以及部分社会资本的回报，以及项目的运营和维护费用。配套投入责任尤其包括土地的征购和搬迁补偿安置费、投资补贴等。风险承担成本的责任通常应根据具体 PPP 项目的风险分配，使用适当的方法进行量化。上述方法构成了计算合作期间 PPP 项目公共预算支出责任并分析政府财政承受能力的具体操作方法。

5.3.2 项目准备审计重点内容

项目准备是为项目的采购工作作铺垫，其工作重点是编制项目实施方案，项目准备期间的审计重点包括以下内容。

1. 项目风险分配

项目风险合理分配，在很大程度上关系项目的整体风险防控能力，是推动 PPP 项目顺利运行的重要保障。一般情况下，政府方承担 PPP 项目实施过程中发生的法律、政策变化风险。社会资本方承担其他风险，如建设运营风险、财务风险等，具体风险承担可在合作谈判中进行协商确定。

2. 项目运作方式选择

PPP 项目运作方式可分为特许经营权类、外包类和私有化类，如表 5 - 5 所示，审计应根据项目特点和行业属性，具体分析项目在融资、设计、建造、运营、维护等环节的情况，以选定适合项目的运作方式。

表 5 - 5   **PPP 项目运作方式**

外包类	模块式外包	服务外包（SC） 管理外包（MC）
	整体式外包	设计—建造（DB） 委托运营（Q&M） 设计—建造—维护（DBM） 设计—建造—运营（DBO）
特许经营权类	转让—运营—移交（TOT）	购买—更新—运营—移交（PUOT） 租赁—更新—运营—移交（LUOT）
	建设—运营—移交（BOT）	建设—租赁—运营—移交（BLOT） 建设—拥有—运营—移交（BOOT）
	其他	设计—建设—移交—运营（DBTO） 设计—建设—融资—运营（DBFO）

私有化类	完全私有化	购买—更新—运营（PUO） 建设—拥有—运营（BOO）
	部分私有化	股权转让 其他

3. 绩效考核体系设计

对社会资本的服务按照绩效考核情况进行费用支付是 PPP 项目中的重要环节之一。但在实践过程中由于前期的绩效考核设计存在漏洞，时常发生项目的付费情况与项目绩效考核结果不一致的情况。因此，在项目准备阶段应设计合理的绩效考核体系，确保绩效考核的可操作性。一般情况下，绩效考核指标包括 3 个，建设期绩效考核指标、运营维护绩效考核指标和移交阶段考核指标。建设期绩效考核指标主要对项目进度工期、工程质量情况和安全生产进行考核；运营维护绩效考核指标则对项目的日常维护、公司管理制度、整体运营情况、社会满意度、突发事件处理等进行考核，通常 PPP 项目运行周期长，考核时一般采用定期考核方式（如季度考核、年度考核、阶段考核），并结合不定期考核方式（随机抽查）进行核查；移交阶段考核指标是对项目进行性能测试，对达不到性能测试考核的会要求进行整改。政府付费额通过结合不同时期项目绩效考核结果进行科学确定。

5.3.3 项目采购审计重点内容

PPP 项目在采购期间的工作主要是预审项目资格，并编制项目采购文件，开展招投标并签订合同。审计时重点关注以下内容。

1. 资格预审条件设置

根据项目所在行业的特点，必须审查资质文件的完整性、合理性和合法性，明确项目实施所需的资质和经验要求，以确保资质条件的明确，满足项目建设所需的条件和要求，同时实现投标人之间充分竞争，选择实力最强、最合适的社会资本份额。由于 PPP 项目投资巨大，投标人通常需要有雄厚的资金和良好的信用，并有足够的财务能力来实施该项目。此外，必须具有本项目或类似项目实施的实际经验，或具有特殊要求的建筑项目（如新技术、新材料）的特殊经验，并具有一定数量的技术工程师和具有工作经验的管理人员。团队的能力满足本项目的要求。此外，近年来没有出现重大安全问题和其他相关情况。

2. 合同内容设置

考虑到 PPP 项目的特殊性，为了确保后续环节的顺利发展，在授予 PPP 项目标书时，应充分考虑投标人的利益。在项目合同的谈判和签署过程中，有必要明确项目的基本内容，如交易制度、项目资金来源、项目合作期限（施工时间、运营时间）、风险分配和应对措施，以避免合同履行中可能出现的争议。在签订合同时，应充分考虑社会资本利益的需要，以"利益共享、风险分担"为合作原则，合理提出项目绩效机制和风险分担机制，为双方留下合理的利润空间，更好地促进项目的顺利实施。

5.3.4 项目执行审计重点内容

项目执行是 PPP 项目进入生产建造并顺利产生相关效益的关键环节，是 PPP 项目运行的关键。项目执行期间的工作包括设立项目公司、施工建造、融资管理、绩效监测等。其中，由社会资本或项目公司负责项目融资工作，项目实施机构负责对项目产出绩效进行定期监测并编制定期评估报告，评估周期一般是 3~5 年。该期间审计重点如下。

1. 加强项目融资管理监控

在这一阶段需要关注项目资本金和融资资金是否按计划按时支付，并检查公共项目和私人项目是否按时并完全按照项目公司设立时双方约定的资本配置比例支付足额资金。除项目资本金外，部分社会资本通常负责项目所需的资金，特别是通过自有信贷和债务融资。在审计过程中，我们应注意融资渠道、融资结构、贷款利息成本和项目公司的还款期，以确保融资确定性。

2. 项目成本及质量控制

项目设计是项目成本控制的关键环节。一方面，项目设计要尽可能降低项目的投资成本；另一方面要满足公众的需求。在审计过程中，我们应注意预防通过设计变更增加项目成本，严格要求工程按施工图纸施工，控制工程现场签证、设计变更等，并防止任何损害投资者利益的行为，如偷工减料。

3. 绩效考核与支付

评估 PPP 项目的绩效一方面可以提高国家支付的准确性和效率，另一方面可以监测社会资本的投资行为，提高公共产品和服务的质量。在审计过程中，我们应严格审查绩效评估，并按照预定的绩效评估标准进行评估，以确保政府付款与绩效评估一致。

5.3.5 项目移交审计重点内容

项目移交期间，主要工作包括交付准备、性能评估、绩效评价和运行测试，其中最重要的是性能和运行测试。在项目性能测试期间，项目性能测试应按照合同约定的性能要求进行。审计团队需按约定的性能要求同时对照测试方案进行。对于符合条件的资产，按照约定的转让形式交付资产，而对于性能评估结果为不合格的资产，要求社会资本或项目公司提供维护保函或按照标准进行整改。

1. PPP 投融资审计的方法

现阶段，对建设项目的审计，主要采用跟踪审计法。跟踪审计即实时审计，是一种同步审计。从理论的角度看，审计机关需要跟踪建设程序，同时有计划地审计项目，从项目的立项、招投标、可行性研究、设计、合同签订、工程价款结算、竣工验收直至项目投产使用进行全程审计。

按跟踪审计的介入时点，可将跟踪审计方式分为 3 种，分别为全程介入法、适时介入法和重点介入法。

首先，是全程介入法。全程介入法是对项目全过程跟踪审计的一种审计方法，即对项目从立项论证至竣工交付使用进行全过程跟踪审计。

其次，是适时介入法。适时介入法顾名思义是选择合适的时间点对建设项目进行介入审计。对建设项目进行跟踪审计，应考虑项目的建设规模、审计资源、周期、成本等因素，并确定合适的介入时点。若决定对项目采用适时介入法，那么介入时间点的选定就尤为重要。当前，大多跟踪审计是将项目开工建设点作为审计时间点，并对项目进行跟踪审计。

最后，是重点介入法。重点介入法顾名思义是对建设项目的重点环节进行介入审计，是将工程建设项目重点环节作为审计对象进行的一种实时审计方法。在进行重点介入审计时，可只选择对工程质量、投资较大及事后审计难度较大的环节进行审计，例如可研评审、初设评审、招标文件、控制价、合同签订、隐蔽过程验收等。就其他未被列为重点审计环节的工程内容，有关部门可按正常程序开展工作，同时可根据审计资源情况和审计便利条件，对此类工作进行不定期抽查。

多年审计实践表明，我国大部分审计都从施工开始时跟踪，部分审计前伸到招投标阶段或施工准备阶段，属于阶段跟踪审计。PPP 模式改变了项目建设程序，加剧了项目建设管理复杂度。在 PPP 项目交易结构中，随着参与方数量增加，法律关系也从二维平行关系转向多维复杂关系，同时也改变了项目各方利益关联者的责任边界和利益格局，建设项目的审计内容和审计重点也需随之转移。

2. PPP 投融资审计的流程

其一，PPP 项目流程。PPP 项目实施包含五大流程，包括项目识别、项目准备、项目采购、项目执行和项目移交。具体内容如图 5 - 1 所示。

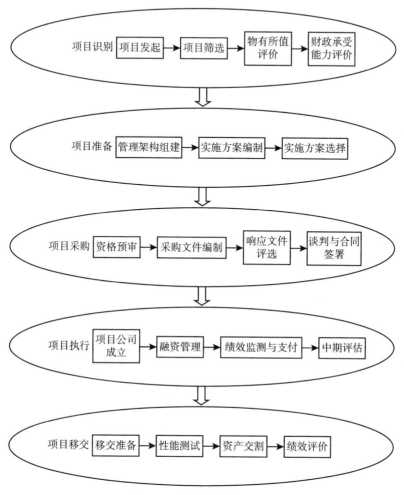

图 5 - 1　PPP 项目实施流程

多数 PPP 项目是政府发起。财政部门可与相关行业部门联手，如图 5 - 2 所示，筛选出潜在的 PPP 项目，并对项目进行物有所值评价和财政承受能力论证。随后，项目实施机构需对项目进行前期评估、进行招投标、编制实施方案等。项目采购结束后，成立 PPP 项目公司负责 PPP 全程运作和融资管理，定期监测项目产出，并按照绩效考核情况由政府向社会资本支付服务费，最后作资产移交和评价。

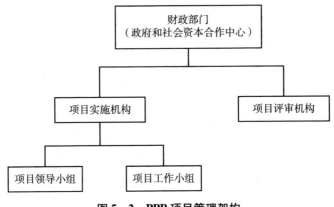

图 5-2　PPP 项目管理架构

　　其二，审计工作流程。一般审计只需按既定程序开展工作即可。审计程序从大体上来说，是一种对审计工作步骤、操作规程和内容的安排，审计程序是审计需从始至终都遵循的。公共投资项目审计程序被分为 4 个环节，分别是审计计划、审计准备、审计实施和审计终结。

　　审计计划。《审计机关项目计划管理办法》要求，我国各级审计机关需要按年度制定审计工作计划，并以此分配审计资源，审计计划需明确上级审计机关统一组织项目、领导交办项目、授权项目、自行安排项目等。审计计划的确定通过分析我市宏观经济发展趋势，寻找项目风险较高且社会公众关注高的项目，结合审计时间间隔和审计业务难度等问题，从社会、经济、操作和技术等方面进行调查研究，在论证可行性后，由各审计专业职能部门制定相应的部门计划，再报送法制部门汇总，最后编制本机关年度审计工作计划，将汇总编制成的年度审计工作计划上报至市长和市政府，经市长、市政府审批后方可实行。

　　审计准备。在制定好审计工作计划，明确好审计工作项目后，在审计工作项目具体实施前，首先成立审计小组来全面负责实施审计项目，随后进行审前调查，收集工程相关的文件资料，熟悉图纸与预算，调查以前年度的审计档案，以确保审计小组能够对被审计单位的大致情况有一个总体把控，明确审计工作的内容和重点，为符合性测试和实质性测试奠定知识基础。随后进一步确认审计工作实施的具体方案，提出审计目标、安排审计内容和重点、制定进度计划、评估审计风险、下发审计通知书。实践经验表明，审计准备工作可以明显提高审计效率和审计质量。

审计实施。审计署发布的《政府投资管理》要求根据政府审计机构的要求，对公共投资项目的法人或经批准的建筑管理单位以及设计、施工、监督、合同等进行审计，公共投资审计控制规范按系列可分为施工准备阶段的检查、施工阶段的检查和验收一体化阶段的检查。施工准备阶段的主要项目是立项审批控制、招投标审计和合同审计；在施工阶段，主要负责审核概算，与工程有关的单位审计和财务收支审计；在竣工验收阶段，应特别审计竣工决算报表、投资业绩和财务收支。

审计终结。对公共投资项目审计，主体涵盖参建项目各方，包括负责项目建设的勘察设计单位、建设单位以及管理投资建设资金的金融机构等；主要内容包括招投标、工程质量、建设工期和投资效益等。但在审计工作中的多数项目审计仍以竣工决算审计为主，在竣工验收完成后作出相应项目的绩效评价。

3. PPP 投融资审计的环节

根据《审计法》和《审计实施条例》规定，审计机关在审计项目时应严格遵循审计程序的要求，按照审计准备阶段、审计实施阶段、拟定审计报告阶段、审计机关审定报告阶段、审计公示阶段这一流程，有序开展审计工作。审计准备阶段的主要工作是选取合适的审计人员成立审计组、向被审计单位下达审计通知书、进行初步的调查了解和拟定审计实施方案；审计实施阶段则深入调查了解，进一步完善审计实施具体方案、详细计算项目结算报告中的工程量及定额套项、编制工作底稿、填写审计取证单；审计组拟定报告阶段是编写报告征求意见稿、征求被审计单位意见；审计机关审定报告阶段是审计人员复核报告及相关审计事项，对违反规定的收支行为作出处理；审计公示阶段指报告出具后，将不涉及保密的内容予以公示。

审计程序包括 7 个，分别是检查、询问、函证、观察、重新计算、重新执行和分析程序，分析如表 5 - 6 所示。此外，还有一种组合程序，即将上述 7 个程序自由组合，如监盘程序、风险评估程序。

表 5 – 6 审计程序分析

只能做实质性程序	函证、重新计算、分析程序
只能做控制测试	重新执行
既可做控制测试又可做实质性程序	检查、观察、询问

PPP 模式下的审计程序与传统模式下的审计程序基本一致，不同在于 PPP 模式下需对其特别风险设置实质性程序。同时，由于 PPP 模式下的社会资本具有逐利特性，这在某种程度上会对审计程序产生影响，也需对项目实施实质性程序。此外，为获取充分且适当的审计证据，实质性程序需包括细节测试，或采取将细节测试与实质性分析程序结合的方法。

PPP 项目跟踪审计的四个环节。其一，审计计划。政府审计机关依据相关法规，根据审计任务情况安排及审计力量情况，将 PPP 项目纳入年度计划，并报政府批准。其二，审计准备。根据审计计划，合理安排审计人员，成立 PPP 项目审计小组，确定项目负责人及各自的分工，在这一过程中可委托社会第三方中介机构参与审计。在对 PPP 项目进行审前调查后，审计人员应根据调查结果，编制审计可行的实施方案，并下发审计通知书。其三，审计实施。审计实施是审计人员进行审计工作中最为重要的环节。审计人员进驻审计现场后，按照事先编制好的审计实施具体方案有序开展审计工作，依据相关规范要求和审计重点内容，通过查阅项目相关资料、走访施工现场、查阅项目账目等方式对被审计单位开展审计工作，各专业负责人各自撰写审计工作底稿，并最终形成审计初稿。其四，审计终结。组织会审并汇总项目审计初稿，编制出 PPP 项目审计报告，并向公众公示，同时向被审计单位反馈审计结果并给出相应的审计建议，具体如图 5 – 3 所示。

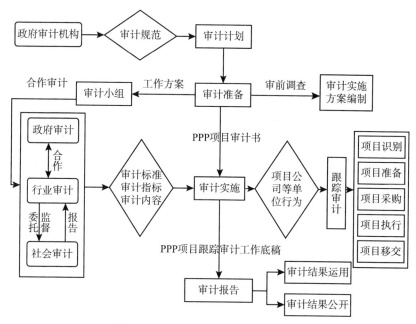

图 5-3 PPP 项目跟踪审计运作流程

4. PPP 投融资审计的阶段重点

PPP 模式下的跟踪审计，首先是工程决策阶段的审计，可以判断项目立项可行性，投资方向合理性，各方利益平衡性等；同时，还需考虑材料价格体系，通过控制投资预算，实现市政项目经济效益平稳。

技术设计阶段的审计，可以把控投资主体和建设程度，审查项目各方的利益。在设计阶段，审计施工投入和产出，审计施工设计外观和方案优化效果可行性、施工过程规范性。

选择合作方的审计。建设项目可采取政府授予合作方特许经营权、至建设再移交，或者建设运营再移交等多种模式。但无论是哪种 PPP 模式，合作方都是项目开展不可或缺的核心力量，因此审计人员需在此基础上，基于不同合作方制定出不同的审计方式和程序。

工程施工过程和施工结束的跟踪审计（见图 5-4）。

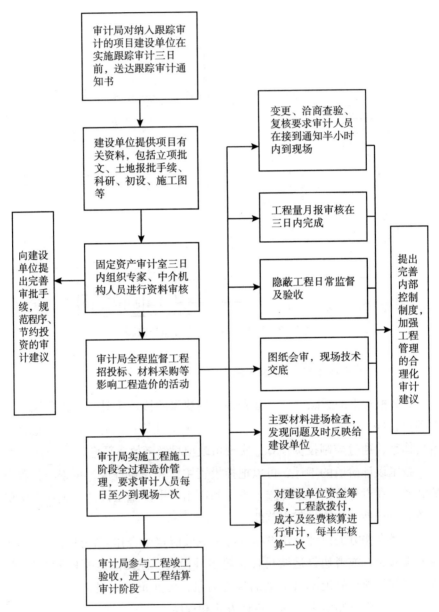

图 5-4　PPP 项目跟踪审计的阶段重点

5.4 PPP 投融资审计现存问题与分析

公共投资建设项目审计机制虽已建立，但在对实践过程的跟踪调查中，不难发现由于受政治、经济体制的影响，在我国 PPP 投融资审计方面的相关法规和制度还有待完善，现如今仍处于一个探索发展的初级阶段，有许多问题亟待解决。

5.4.1 PPP 审计缺少审计法定授权

随着公共工程需求的不断增长，公共工程的供给也采取了一些新的方式。在资金方面，PPP 模式下的公共工程投资主体日益多样化。许多项目以社会资本投资为主，不再以政府投资为主。但就项目本身的性质而言，它也是一个对经济和社会有重大影响的公共项目，需要政府根据这些新模式参与公共项目的监督，关于国家和地方审计机构的监督权限以及项目是否包括在审计计划中，仍然存在分歧。

《审计法实施条例》规定，PPP 模式适用于政府投资和以政府投资为主的建设项目，以及全部使用预算内投资资金、政府举借债务筹措、专项建设基金的资金等财政资金的项目；不使用全部资金但占总投资 50% 以上或总投资 50% 以下，但政府对建设和运营具有实际控制权的项目。该规定可作为对 PPP 项目审计的法定依据，但部分类型 PPP 项目仍处于该法定审计范围之外。《基础设施和公用事业特许经营管理办法》规定，县级以上审计机关应依法审计特许经营活动，但因该办法仅属部门规章，不属于行政法规，所以该规定并不是审计机关的法定授权。

在审计实践方面，对于是否审计 PPP 项目，各地区之间没有达成共识。福建省用 BOT 模式建设某高速公路，业主单位曾询问福建省审计厅是否已对项目开展竣工决算审计，福建省审计厅以不在法定审计范围为由，拒绝审计。根据江苏省句容市政府发布的《句容市 PPP 融资建设模式管理办法》，PPP 项目控制和监督的主管部门是市审计局，市审计局应对 PPP 项目进行全过程控制和监督。简而言之，如果我们想在中国开展 PPP 审计，除了进一步完善中国的控制法律法规外，我们还需要在制度层面授予控制 PPP 的法律授权，以实现政府投资审计范围的全覆盖。

5.4.2 PPP 绩效审计机制缺失

在全国大力推行 PPP 项目的情况下，审计机关已经开始意识到审计机关应发挥 PPP 项目的监督作用，但 PPP 审计在审计主体、审计对象、审计方式、审计内容、审计信息、审计结果运用等方面均没有明确的机制规定，因此无法实施 PPP 审计，虽然审计机关早已意识到此种问题，但当前仍未对此问题展开系统研究并加以解决。

5.4.3 绩效审计流于形式未起到提高投资绩效的目的

绩效审计的目标是在控制项目成本和确保公共投资影响的基础上，支持提高项目的经济性、效率性和成效性。它不局限于传统审计的错误控制功能和欺诈预防，而是在项目的整个运营过程中提供建设性建议，不是作为"看门狗"，而是"牧羊犬"。然而，在实践中，绩效审计仅仅体现在竣工决算阶段的绩效评价上，事后评价并不能起到促进项目绩效提高的目的，如果仅在 PPP 项目从立项到移交的 20 ~ 30 年后进行绩效评价，项目事实已经形成，难以发挥绩效评价的作用。从本质上而言，是由于我国绩效审计机制不健全，缺乏绩效审计标准和指标，因此难以实现有效的绩效审计。

5.4.4 全过程审计尚未实现

目前，公共投资项目审计工作仍主要在建设阶段进行。即使提出了预判性审计来提前时点介入审计，但仍未正式开展，公共投资项目的运营期也没有纳入审计范围。

1. 绩效审计依赖于充分占有审计对象及相关方的数据

目前，在公共投资项目审计中应用信息技术存在缺陷，导致绩效审计存在诸多问题。一方面，政府仍未完成审计信息化建设的工作，在现阶段未能提供动态管理，在一定程度上阻碍了计划管理的创新。另一方面，公共投资项目往往是大型项目，是建设期长、投资量大、结构复杂、主体风险大的项目。目前我国公共投资项目审计主要采用审阅、查询、访谈、调查、分析、观察、抽样调查、案头审查和后续审计等方法进行实地审计，但这些审计方法不完全符合审计实践的需求，需要采用新技术。不过，如计算机科技、互联网、大数据等其他审计信息共享程度低，审计信息化水平进一步提高。

2. 审计较少关注提高项目绩效

为促进项目工作效率的提高，绩效审计的重点是审计结果如何应用于审计过程和审计报告中，如何解决审计中发现的问题，如何在绩效评价低的情况下提高项目的效率以及如何为后续项目提供经验。审计报告没有为后续行动提供明确的制度支持。实践中审计结果的运用主要是指对重大问题的整改，对提高项目绩效关注较少。

3. PPP 投融资审计报告未向公众公示

PPP 项目绩效审核应以公众利益为考量，PPP 项目一般都是关乎社会利益和影响民众生活的重要项目。不过，根据现行制度，审计报告只能由被审计单位、本级政府和上级审计机关查阅，社会公众没有权力查阅审计报告，社会公众利益难以保证。

4. PPP 审计监督存在缺位、错位和不到位

"PPP 审计监督缺位"是指审计机关在审计监督工作方面的一种缺失，审计机关未能有效审计监督 PPP 项目的实施。相关数据表明，截至 2016 年 9 月，我国的 PPP 项目已超过 1 万个，项目投资金额已超过 12 万亿元，但审计机关并未审计所有 PPP 项目，只审计了个别项目，无论数量还是金额，审计覆盖面都严重不足，大量 PPP 项目游离于监管之外。

"PPP 审计监督错位"是指审计机关对项目定位不准确、重点不突出。PPP 项目审计应将政府和社会资本双方权利义务履行情况作为重点，以实现公共产品、公共服务和公共利益最大化。但现有 PPP 项目审计未能抓住审计重点，倾向于项目建设审计，应将审计重点转移至项目投资额和项目结算款。

"PPP 审计监督不到位"是指开展审计工作时，审计深度不够，只停留在项目招投标、资金支付合规性等浅层问题上，未进行深层审计，并且在审计过程中，审计机关对 PPP 中公共产品定价、经营权转让、特许经营收益等领域出现的违法违纪、管理漏洞突破不够、查处力度和深度不够。

第 6 章

重庆市 PPP 投融资模式审计分析

本章是本书的重点章节。首先介绍了 PPP 投融资模式可能存在的风险点，其次结合重庆市 PPP 投融资项目及其审计情况作具体分析。

6.1 PPP 投融资的风险点

风险，大部分是指在事件发生时，人们并不希望发生的结果。具体来说，其含义包括：风险的出现具有不确定性，风险可能导致损失，风险表示期望和结果之间的差异。根据风险理论，对 PPP 项目的风险定义如下：项目在整个持续期间发生的、对项目顺利运作的不确定因素。

按照现代工程风险理论，任何一个项目都有一定的风险。风险管理的好坏，将直接关系到整个工程的成功实施。PPP 是一种处于发展和成长期的新型投融资方式，其建设周期往往比较长，具有一定的不确定性，对社会和经济的发展起着举足轻重的作用。在项目融资、施工和后期运行过程中，由于内部因素和外部因素的影响，项目的施工过程中存在着诸多不确定性，正是这些不确定因素的存在将直接影响到 PPP 项目的正常进行。对此，我们要以一种客观、公平的心态，正确地认识和了解这些危险。

传统的风险管理意识已经不能有效应对新型 PPP 投融资模式下的各类风险，因此，无论是政府方还是私有企业或民营机构一方，都应当积极转变固有的风险应对思维，去寻求新的风险防范方法，以保证 PPP 模式的平稳运行。

6.1.1 PPP 项目投融资管理与风险问题梳理

1. 项目公司自身原因

首先，是资本流动的风险。PPP 项目通常由项目公司承担，由政府和社会资金提供必要的资金支持。由于项目管理经验不足，项目公司对项目的建设和运作太过乐观，公司的负债结构不合理，造成了大量的短期贷款和有追索权的应收账款作为贷款，如果项目前期得不到预期的收益，那么项目公司的偿债压力就会增加，资金周转困难，无法按时偿还各类贷款，从而导致债务违约。

其次，PPP 项目是由政府和社会资本共同参与的，根据协议，政府只需缴纳一定的注册资本，不承担任何的投融资义务，而社会资本方则是作为 PPP 项目的主要投融资主体，承担着 PPP 项目的投融资与风险。由于大部分项目公司的资产规模较小，且在投资和融资过程中难以保证足够的资金流量，一些项目甚至不属于项目公司的下属项目，使 PPP 项目的投融资难度增大。

最后，项目公司的资金，本应属于股东方的资本，不能通过举债的方式吸收资金来作为项目的资本金。然而，现在一些社会组织由于自身财力不足，只能与其他金融组织合作，以联合体的方式达到项目对投标机构的要求，进而参与 PPP 项目的竞标，看似资质及出资金额这两项要求都已经符合，但事实上，社会资本与金融机构之间是独立的，二者为了保护自身的基本利益会签订保本协议，其实质依旧是"明股实债"。这就造成了项目公司的资金来源违反了投资人出资的原则，也就造成了项目公司的资金结构失衡，增加了项目公司的投融资风险。

2. 社会资本原因

在目前的市场环境下，PPP 项目的开展需要大量的资金，而资金的来源主要靠向社会筹资取得，这就需要社会资本方具有较高的融资能力为 PPP 项目获取足够的资金支持，以此来确保 PPP 项目建设的顺利进行。然而，在目前国内 PPP 项目运营中，项目公司的资本金比例通常在 20% 以上，且绝大多数都是由社会资本来承担，而随着项目的发展，对资本的需求越来越大，同时对资本方的资金实力要求也日益严格。

就政府而言，在发展社会资本的渠道时，因为缺乏足够的经验，导致一些实力较弱的社会资本，在获得社会资本的时候，往往会因为自身的问题而出现资金链断裂的情况。我国的许多私有企业或民营机构，由于自身的资金比较薄弱，在 PPP 项目中的投资很大一部分都是通过银行贷款来完成的，而且由于他们的信用等级和国企的信用水平还有很大的差距，所以在申请贷款的时候，往往会遇到一些困难。如果项目中标后，社会资本不能及时向项目公司注资，对项目的后续建设、融资和运营都会产生很大的影响，对项目的投资和融资都有很大的不确定性。

此外，社会公众对国有企业的普遍观念认为其一般具有资金充裕、技术先进、信誉度良好等多方面的优点，从而向银行获取融资的条件比一般私营企业要简单得多。但实际情况是，国有企业给项目公司提供资金支持的意愿度较低，往往希望项目公司通过自己的能力来寻求融资渠道，这样才能将投资的风险降到最小。而且很多地方政府在开展 PPP 项目时，都会将国企作为首要考虑对象，而将私有企业或民营机构拒之门外，这就造成了很多社会上的闲散私人资金仅能参与一些小型、低效率的项目，导致社会资本的利用率较低。从而间接造成私有企业或民营机构等部分社会资本参与 PPP 项目的意愿度较低，这就使得政府在后期引入资金进行 PPP 项目的过程中存在一定困难。

3. 市场原因

首先，市场利率是有变化的。由于 PPP 项目的建设和运营周期比较长，一般短则十几年，长则三四十年，在此期间，市场的利率水平会有很大的变化，如果市场利率持续居高不下，将会增加项目的资金成本，从而使项目的投资回报率达不到预期的水平。

其次，我国的经济和社会结构处于不断的变化中，市场需求也随之发生着变化。由于工程建设的时间往往比较长，工程施工中的市场需求和需求水平会有很大的变动，这就会使现有的投融资计划难以满足当前的市场需要，从而造成投资不能收回。

再次，市场上的同质性风险比较大。根据我国现阶段 PPP 项目的发展现状，认为 PPP 项目一旦落地执行则意味着此类项目的发展前景较为优良、预期收益率较高，因此政府或社会资本将逐步引入新建或改建类似的项目，将会产生替代性或商业上的竞争，降低项目公司的经营期收益，从而使各参与者的投资回报大大降低。

最后，通货膨胀导致融资成本迅速增加。由于 PPP 项目的建设和运行周期比较长，在这长达几十年的时间里，物价随着经济的发展不断上升，PPP 项目前期估计的建设与运营成本都会随着后期的通货膨胀和各种成本的上升而大大提高，导致项目的收益与预期收益相比大大降低，从而影响到公司的盈利，甚至会让项目公司无法按时还贷，给股东带来利益。

4. 银行等金融机构原因

在资本方对项目公司进行资金注入以及项目公司自身寻找融资的道路中，常常会对银行产生一定的依赖性，需要通过向银行进行贷款来解决资金难题。而在向银行贷款的过程中，都要按照银行的常规流程来进行申请，这就导致了项目的审批需要花费大量的时间，而且很有可能会使项目的进度受到影响。

此外，银行是否将贷款给公司，也会对公司的信用等级提出更高的要求，使得 PPP 项目的资金不能及时到位，可能直接对项目的建设或运营进度造成直接影响，无形中增加了对项目投融资管理的压力，提高了项目风险发生概率，不利于 PPP 项目的健康运行。

5. 政府原因

而对于大多数 PPP 项目来说，政府虽然可以通过出台一些指导性的融资政策来降低其融资难度，但与之相关的所有风险和责任依旧需要由 PPP 项目来承担，政府方的政策支持并不会降低其融资风险，间接导致很多 PPP 项目的信誉度较低，从而影响到整个项目的顺利进行。目前，银行开始逐步对 PPP 项目的"政府付费"表示认可，财政部建立了 PPP 综合信息平台，凡是通过政府批准的 PPP 项目都应纳入该平台的项目库中；同时，由财政部门结合国家的中长期财政支出计划对项目进行综合规划，将需要支付的费用计入政府的预算之中。银行在评价地方政府的资信状况和偿债能力时，通常会根据目前的财务状况来判断其是否能达到所需的资金，在进行严格的风险评估后，再根据项目公司的具体情况来决定其实际付款金额，这就使 PPP 项目的投融资与管理产生了一定的不确定性。

6.1.2　PPP 项目在投资中的风险点

从社会资本方的角度来讲，作为 PPP 项目的主要投资者，需要对项目前期及建设管理的方方面面负责，原则上应承担 PPP 项目在设计、建造、运营等多阶段产生的各类风险。因此，其承担项目风险类别较多，主要包括由项目自身原因引发的非系统性风险以及由外界宏观环境变动引发且自身无法进行有效控制的系统性风险。

1. 非系统性风险

项目决策风险。PPP 项目是否正确决策与项目最终盈利与否密切相关，在项目被批准运用 PPP 模式前，相关人员有必要对项目的可行性、可融资程度、投资估算等多个内容进行分析，综合考虑 PPP 项目能否在覆盖所有投资成本外获取合理的利润。

项目建设风险。针对采用 PPP 模式的建设项目，大部分项目均采用投资、施工一体化的方式进行，也就是说，社会资本方在 PPP 项目中同时承担投资人与施工承包人的双份责任。在此形势下，中选的社会资本方要以自身名义作为项目的施工方，负责项目的施工建设。而在项目的建设过程中，相关风险点比较多，可能存在施工材料供应不及时、施工技术不当、工地存在安全隐患、工程质量不达标、造成环境破坏等诸多风险，社会资本方作为主要负责人，需要对上述这些施工风险承担全部责任。

项目运营风险。项目公司需要对项目的整体运营维护承担相应的责任，而项目公司由政府和社会资本方共同出资设立。此外，社会资本往往会花费更多的资金，并发挥项目公司主要股东的作用。当然，在项目的运营和维护过程中，他们会受到项目公司的影响。就产业园区 PPP 项目而言，部分社会资本主要负责吸引投资，此时的项目公司必须承担招商成本超标、不达标招商、提供辅助材料、超出运营成本、运营管理水平低、运营质量不达标、运营失败、运维安全和社会资本等风险。

项目移交风险。按照 PPP 项目合同以及项目建设管理规定，项目建设完成后先由项目建设部门组织设立项目验收方，对本项目开展合法合规的验收工作，验收无误后向政府指定的单位移交，并按照 PPP 合同和有关文件要求对后续的项目运营进行维护。但是，由于接收单位的指派工作经常受到延误，接收单位与政府部门互相推搡，踢皮球的现象时有发生，一些 PPP 项目虽然具备了运行条件并满足移交要求，但由于无法按时移交导致项目的后期维护费用及政府成本不断增加。这种项目风险普遍存在，也无形中加大了社会资本方的压力。

2. 系统性风险

系统性风险是指项目在设计、施工、生产和运营过程中产生的、政府和社会资本无法控制的风险，尤其包括政治和法律风险。由于 PPP 项目周期较长，政府政策、政治等环境变化存在不可预测性，因此系统性风险在 PPP 项目的各个环节均有所涉及，可能导致项目收益受到一定的影响。

政策风险。PPP 项目融资尚处在探索发展阶段，其法律风险主要体现在以下几个方面：一是政策变化的风险，在 PPP 项目建成前，由于社会和经济发展的需求，相关规章制度可能会发生一些变动，比如税收等方面的制度调整，会导致工程建设的成本上升，从而降低 PPP 项目的投资效益；二是其他参与者的违约风险，比如第三者没有按照协议履行合同所承担的责任和义务，造成工程建设的经济损失；三是合同风险，如果项目建设中出现了争议，但是合同中没有明确的责任，也没有明确的规定，那么就会给施工单位带来经济上的损失。

6.1.3 PPP 项目在融资中的风险点

1. 国家角度风险

PPP 法律法规风险。PPP 模式是我国引用国外的一种新型融资模式，在我国的运用尚不成熟。现阶段，在融资中主要面临两类法律风险：一是 PPP 法律法规不完善的风险，PPP 模式在我国的发展还处于初级阶段，在近 10 年才得到政府的大力推广，截至目前，仍未建立起专门的针对 PPP 项目的法律法规，PPP 项目的权益保障效果不明显，相应地审计人员也缺乏相关审计依据。二是 PPP 法律法规变更的风险，在 PPP 模式不断发展的过程中，政府可能会相继出台新的行政法规，或者对原有的已不适用的相应条款做出修订，这就造成 PPP 项目内容需要相应地有所改动，对工程的正常施工、运行造成严重影响，可能会造成工程的暂停甚至失败。

宏观调控政策风险。在国家宏观调控政策下，由于财政、货币、产业、收入等政策的变化，导致项目合同无法按时完成。

2. 金融机构角度风险

汇率变化风险。导致 PPP 项目融资存在汇率风险主要是由两方面原因造成的：一是本国货币出现贬值的情况，二是政府方为了保证自身利益的获取而作出了对私有企业或民营机构不利的汇率调整。但无论是何种原因导致的 PPP 项目汇率风险，都有可能导致 PPP 项目的投资回报率有所降低。因为对于私有企业或民营机构来说，在给项目寻求融资的过程中并不用去考虑以本国货币还是外币进行结算，对于这些社会资本方而言，其首要追求的是寻找成本低、收益率更高的融资渠道。

利率变化风险。由于利率变化具有不确定性，项目的融资成本也随之呈现不确定的情况，可能由于利率的升高导致融资成本增加，进而影响项目的投资回报。根据贷款利率是否发生浮动可以将利率划分为固定利率和浮动利率两种，固定利率是指在项目的整个融资期间，无论对资金的借贷时间有多长、基准利率是否发生变化，还款利率都不会进行调整。但如果基准利率下降，就表示项目的融资成本相对于原基准利率来说是偏高的。而浮动利率是指最终的还款利率在借贷期间是按照市场利率进行调节的，如果处于一个较高的利率周期，市场利率相应上调，就会增加项目的融资成本。

项目批贷风险。金融机构对 PPP 项目的审批程序比较复杂，涉及对社会资本方、政府方、项目本身等多方面的综合考察。针对社会资本方而言，评价其专业能力、综合财务实力、合作优势、行业地位等；针对政府方而言，评价政府所在地的经济状况、政府的偿债能力、治理水平等；针对项目本身而言，重点评价项目所在的行业状况、项目付费及合作方式等。由于对 PPP 项目的审批内容众多、审批手续较为复杂，易导致项目的审批周期持续时间过长、最终审批结果不明确等问题。无论 PPP 项目审批的哪一个环节发生问题，都可能导致项目公司最终无法获得贷款。

3. 项目公司自身角度的风险

资金审查风险。对于任何建设项目，都需要进行严格监管来防范项目的各项风险，因此，资金审核往往是项目建设的首要环节，也是贷款后监管的重点。为了对项目资金进行全方位的审核，审核内容包括但不限于资金是否来源于正规渠道、是否符合法律法规、资金是否足额缴纳、出资比例是否达到国家规定的最低标准等。因为 PPP 是为社会提供公共产品或服务的重要项目，投资金额巨大，通常高达几十亿元。根据国务院发布的《关于调整和完善固定资产投资项目资本金制度的通知》，项目资本金的最低出资比例一般在 20%～30% 之间，但对于项目公司来说，往往需要承担剩余的较大出资比例，存在自有资本金不足的情况，筹集资本金的压力较大，项目融资风险较高。

还款能力不足风险。PPP 模式作为现阶段社会基础设施建设的主要手段之一，已逐渐取代了传统的地方融资平台。在此模式下运行的 PPP 项目，其总投资的一小部分由政府和社会资本方共同承担，其余较大部分由项目公司进行承担，在其资金不足的情况下就需要用融资来解决问题。但由于项目公司在进行融资时缺少有效的担保手段，通常只能以项目在执行阶段所拥有的特许经营权和收费权作为抵押，以其自有经营性现金流量进行还款。而且，即便政府方在项目公司中拥有一定的持股比例，也不能以任何形式对 PPP 项目公司进行担保，也不能以其他方式偿还项目公司的债务。在此情况下，项目公司的还款方式比较单一，可能出现最终无法偿还融资资金的情况。

融资方式单一风险。PPP 项目的融资方式主要有两种：一是股权融资，但由于 PPP 项目涉及众多利益相关方，建设周期较长，因此难以进行股权融资。二是债权融资，银行资本是我国金融系统的重要组成部分，且其融资成本相较于其他融资模式来说具有相对较低的优势，因此目前大部分的 PPP 项目会将银行贷款作为主要融资模式。PPP 项目的融资渠道狭窄，存在融资方式单一的风险。

资产负债率过高的风险。是指在企业的融资渠道中，负债融资渠道多，而权益融资渠道少。高资产负债率和高财务风险必然会给项目公司造成很大的还贷压力，从而使项目公司出现资金短缺、资金链断裂、无力偿付等问题；同时，也使企业的融资成本不断上升，企业的再次融资难度也随之提高。金融机构对资产负债率这一指标有具体的要求，如果资产负债率太高，那么就会给企业融资带来更大的困难。

6.2 重庆市 PPP 投融资的审计情况

截至 2015 年 10 月底，全市签约 PPP 项目 53 个，项目总投资 2 541.6 亿元，其中：市级公开发布项目 39 个，项目总投资 2 520 亿元；6 个区县自主签约项目 14 个，项目总投资 21.6 亿元。签约的 53 个项目中，有 26 个项目已开工建设，其余项目正在开展前期工作。我市已纳入国家发展改革委第一批 PPP 项目库的项目 13 个，项目总投资 656 亿元。轨道交通三号线、曾家岩嘉陵江大桥分别列入财政部公布的全国第一批、第二批 PPP 示范项目。除上述签约项目外，38 个区县及万盛经开区、两江新区、北部新区 3 个开发区中，有 30 个区县计划实施 PPP 项目 168 个，11 个区县暂无PPP 项目实施计划。

随着 PPP 模式在重庆市的兴起，审计局对现有的 PPP 项目开展了一次审计调查活动。本次审计调查在了解市级和各区县 PPP 投融资模式推进总体情况的基础上，从已签约 PPP 项目中，选取了 21 个具有一定代表性的项目作为抽查对象，涉及轨道交通、高速公路、土地整治、市政设施等领域，项目总投资 858 亿元。通过本次审计，我们发现现有的 PPP 项目中存在着一些问题。

6.2.1 少数项目融资成本相对偏高

在抽查的 21 个项目中，部分区县采用 PPP 模式进行实质性融资的目的明显，因资源配置较少、信用等级较低、利率受政策和市场变化等影响，少数项目融资成本相对偏高。

（1）巴南区樵坪春晓、巴桂苑安置房项目采取明股实债的方式变相融资。重庆巴源建设投资有限公司系巴南区所属国有企业，于 2015 年 11 月引入国有企业投资人国开金融有限责任公司和中国核工业华兴建设有限公司，出资组建项目公司，负责巴南区樵坪春晓、巴桂苑安置房项目建设，总投资 11.28 亿元，采用"建设—回购"的模式，由巴南区政府兜底。国开金融有限责任公司设立"国开巴南安置房基金"，由国有企业中国对外经济贸易信托有限公司出资 8 亿元、重庆市渝兴建设投资有限公司出资 1 亿元、国开厚德（北京）投资基金有限责任公司出资 0.594 亿元、国信招标集团股份有限公司出资 0.396 亿元、国开城市交通投资发展基金管理（北京）有限责任公司出资 0.01 亿元，共计 10 亿元，仅 0.1 亿元作为项目公司注册资本，其余 9.9 亿元通过银行委托贷款的方式借款给项目公司，年利率9.9%，每半年付息，3 年建设期满一次性支付当期利息及所有本金。

（2）合川区东津沱滨江公园开发建设项目以给予优惠政策的方式融资。合川区东津沱滨江公园开发建设项目总投资 1.9 亿元，采用项目配置商业用地的模式。2015 年 8 月引入民营企业投资人重庆北辰建设投资有限公司，区政府一方面对投资人投入公园建设的资金约 1 亿元，按投入同期3~5 年期贷款基准利率上浮 30% 计息（年利率约 6.5%），在完工次日起分两年每半年支付一次；另一方面对配置的 80 亩商业土地配套建设项目涉及的各项行政事业性收费（合川区分成部分）予以全额返还。

（3）通过事先承诺固定补贴的方式融资。合川区渠江提水工程、丰都县乡镇污水处理厂建设运营一体化两个项目，总投资 8 亿元，采用授予特许经营权的模式。两个项目在运营成本不确定、政府购买服务价格不确定的情况下，事先承诺在特许经营期内每年给投资人固定补贴。一是合川区渠江提水工程，一期、二期预计投资 5 亿元，2014 年 12 月引入国有企业投资人中建地下空间有限公司，区政府承诺在特许经营期 30 年内，按年化收益率 9.38%，每年给投资人补贴。目前合川区仍在调整投融资方案。二是丰都县乡镇污水处理厂建设运营一体化项目，总投资 3 亿元，2015 年 5月引入民营企业投资人北京桑德环境工程有限公司和江西省朝辉城市建设有限公司，县政府承诺在特许经营期 20 年内，按当前 3~5 年期贷款基准利率 5%，每年给投资人补贴 1 500 万元。

（4）合川区"中国微车配件产业基地"土地整治项目投资人收益偏高。合川区"中国微车配件产业基地"土地整治项目总投资 14.92 亿元，采用"整治—移交"的模式。2015 年 10 月引入国有企业投资人中国建筑第六工程局有限公司，5 年整治完毕土地交回政府，投资人除获得承接土地整治项目的施工利润外，政府对投资人投入的征地拆迁费、建安工程费分别给予每年 9%、7% 的固定收益。

6.2.2 少数项目推进缓慢

（1）高速公路国有股权转让合作项目因前期论证不充分暂时搁置。重庆高速公路集团拟将建成的渝湘高速界石至水江段等 6 条高速公路形成资产包注入子公司，对子公司股权公开出让，涉及资产总额 205 亿元。因评估方法无法明确、评估折现率较高，评估基准日与股权交割日之间的近两亿元亏损无法明确承担责任人，出让资产包将影响重庆高速公路集团后续发行企业债、债务重组等融资和经营等，项目于 2015 年 10 月暂时搁置，已发生评估、审计等相关费用 614 万元。

（2）沙坪坝区名人广场地下停车库工程因用地未落实延迟开工。沙坪坝区名人广场地下停车库工程，总投资 1.37 亿元，采用授予特许经营权的模式。2015 年 7 月引入民营企业投资人重庆郡都物业发展有限公司，截至 2015 年 10 月底，因工程范围施工用地被沙坪坝区用作铁路枢纽工程临时转换道路，而铁路枢纽工程拆迁尚未完成，待拆迁完成后才能退回占用的道路，该工程预计将延期到 2016 年 9 月开工。

（3）红岩村桥隧项目征地拆迁缓慢，投资人资金未到位。市城市建设投资（集团）有限公司实施的红岩村桥隧项目，总投资 59.3 亿元，采用 BOT 模式。2015 年 7 月引入国有企业投资人华融天泽投资有限公司、中国建筑第八工程局有限公司、中国建筑第六工程局有限公司，协议约定征地拆迁工作由涉及区政府负责实施。截至 2015 年 10 月底，渝中区、沙坪坝区、九龙坡区（含高新区）已完成交地，江北区因破产企业江川厂仍在拆除及搬移，征地拆迁尚未完成，导致该项目未取得用地手续，投资人无法向金融机构获得贷款，应于 2015 年 7 月底投入的征地拆迁资金 15.3 亿元未到位，一直由各区政府垫资。

6.2.3 部分项目建设程序不完善

（1）项目建设手续不完善。一是梁平县德兆城市生活垃圾资源化处理厂项目已于 2015 年 4 月开工，截至目前项目用地 106 亩仍未取得征地批文、环评批复。二是江津区政府实施的市郊铁路大渡口跳蹬至江津北项目江津站节点工程已于 2015 年 6 月开工，截至目前因环评、土地预审未完成，尚未取得可研批复，施工图设计未经审查批准，工程未实行监理制度，也未办理工程质量监督手续。三是渝北区两路农贸市场立体智能停车楼项目已于 2015 年 10 月开工，截至目前尚未取得《项目选址意见书》、用地规划许可、施工许可等手续。

（2）部分项目未实行公开招投标，涉及投资 33.59 亿元。一是江津区政府实施的市郊铁路大渡口跳蹬至江津北土建工程，估算投资 31.37 亿元，应当采用公开招标确定总承包人，但经江津区 2015 年 5 月区委常委会决定，采用竞争性比选确定中国建筑股份有限公司（中国建筑第六工程局有限公司）作为施工总承包人，未实行公开招投标。二是合川区东津沱滨江公园开发建设项目投资 1.9 亿元，应当采用公开招标确定社会投资人，但经合川区 2015 年 3 月区长办公会决定，采用邀请招标确定民营企业重庆北辰建设投资有限公司作为社会投资人。三是梁平县德兆城市生活垃圾资源化处理厂项目，社会投资人民营企业重庆德兆环保工程有限公司直接将工程发包给民营企业重庆市华东建设集团有限公司建设，估算投资 0.32 亿元。

（3）江津区餐厨垃圾处理工程对政府配置土地未及时评估。江津区餐厨垃圾处理工程总投资 1.4 亿元，采用政府配置土地的模式。2013 年 12 月江津区政府与民营企业投资人宜兴市欧亚华都环境工程有限公司签订协议，约定对江津区政府投入的用于项目建设的土地及资产，应由江津区政府与投资人共同委托中介机构进行评估，经江津区政府核准后的价值作为用地成本，由投资人全额支付给江津区政府。该工程已于 2013 年 11 月动工，截至目前已完成总工程量的 78%，但双方仍未委托中介机构对土地及资产进行评估，投资人也未向江津区政府支付用地成本。

6.2.4 部分项目存在风险隐患

（1）部分项目监管有待加强。丰都县乡镇污水处理厂建设运营一体化等 8 个项目总投资 119.4 亿元，投资人通过特许经营、政府回购、财政补贴等方式收回投资，投资人多为建筑企业，其不经过招投标直接成为施工单位，并由其自行委托监理单位，主导项目建设管理，若不强化过程监管易造成投资失控，将有可能损害国家或公众利益。

（2）部分项目公司注册资本低于固定资产投资项目资本金的规定比例。固定资产投资项目资本金是指在投资项目总投资中，由投资者认缴的出资额。PPP 项目一般会设立一个 PPP 项目公司，项目公司注册资本应与固定资产投资项目资本金大致相当。审计调查发现，有 6 个项目公司注册资本远低于固定资产投资项目资本金，防控风险能力明显不足。如合川区"中国微车配件产业基地"项目，总投资 14.92 亿元，项目公司注册资本 1亿元，约占 6.7%，不符合固定资产投资项目资本金不低于总投资 20% 的规定。

（3）江津区餐厨垃圾处理工程的投资收益分配约定不明晰。江津区餐厨垃圾处理工程总投资 1.4 亿元，采用授予特许经营权的模式。2013 年 12月江津区政府与民营企业投资人宜兴市欧亚华都环境工程有限公司签订合作协议，只约定项目经营期内所获的收益用于冲抵投资人的投资，未明确冲抵完投资后的利益分配，由此可能造成收益分配的分歧，带来后续经营管理隐患。

（4）政府方持股比例有待进一步规范。审计调查的 21 个项目中，政府在项目公司中的持股比例最低为 0，难以参与项目公司建设经营管理；最高为 51%，相当于举办国有控股企业。

6.3 重庆市 PPP 投融资审计存在的问题与原因分析

6.3.1 重庆市 PPP 投融资审计存在的问题

1. 审计介入时间过晚

根据 PPP 项目全生命周期理论，可以将 PPP 项目全流程划分为项目识别、准备、采购、执行和移交 5 个阶段。从理论上来说，为保证跟踪审计达到良好的事前预防、事中监督、事后总结的效果，针对 PPP 项目的审计应当在项目发起时选择恰当的时机开始介入，同时审计过程与全生命周期的各个阶段同步进行。但就目前而言，在审计人员应在何时介入 PPP 项目这一点上并未达成共识，并没有明确的法律法规对此进行规定，甚至在整个 PPP 行业中，也没有对此出台具体的标准。因此，审计人员在选择介入时间时具有较强的主观性，通常结合自身的审计经验以及职业判断来确定，进一步导致 PPP 项目的审计质量难以达到预期水平。

根据对重庆市 PPP 项目审计的统计分析，发现审计的介入时间主要集中在项目执行阶段。从执行阶段的具体流程来看，审计人员往往偏爱选择项目开始建设以及竣工后这两个节点作为 PPP 项目的审计介入时间。虽然在项目执行阶段才开始介入，但审计范围的涉及面仍可能比较广泛，识别、准备、采购阶段的部分程序也会纳入审计内容。即便如此，由于审计介入时间过晚，导致其从根本上来说属于事后审计，一旦 PPP 项目在这 3 个阶段出现任何差错，后续执行的审计程序并不能对之前已形成的差错进行整改，将对审计效率和效果产生直接影响。例如重庆市第三垃圾焚烧发电厂项目，其前期准备阶段的各项程序持续长达两年时间，PPP 项目运行的整体进度受到严重影响。但在此项目中，并没有及时对项目建设前期的各项工作实施审计程序，出现审计介入时点较晚的情况，不利于 PPP 项目的健康发展。

2. 审计主体不明确

针对 PPP 项目应由谁来审计这一问题，我国现行政策对此规定不一。根据 PPP 项目政府指导的性质，提倡以国家审计为主体。但是其作为政府和社会资本共同合作的项目，且结合各 PPP 项目双方的投资额比例来看，政府出资往往只占一小部分，通常占总出资额的 20% ~ 30%，而社会资本方的出资额高达 70% 左右。而且，《审计法》第二十二条规定以政府投资为主的建设项目必须达到两个条件的任意一个，即要么财政出资的比例高于 50%，要么政府对项目的建设及运营拥有控制权，则该项目才能够被称为以政府投资为主的项目。这就正好与 PPP 建设项目有所背离，从投资占比来看，社会资本方在整个项目中占据主导地位，而且结合实际 PPP 项目的操作来看，后续项目的建设和运营也都由社会资本方参与指导。由此看来，《审计法》的规定与 PPP 项目政府指导的性质明显不符。因此，对 PPP 建设项目开展具体审计工作时，相关审计人员能利用的审计依据之间往往存在或大或小的矛盾，导致审计人员开展审计工作时较为主观、随意，审计的监督效益可能无法充分发挥。

此外，结合利益相关者理论进行分析，PPP 项目通常是涉及国计民生、为社会提供公共产品或服务的重大项目，此类国家建设项目中的利益相关者既包括政府，也包括社会公众。因此，为了更好履行国家审计的职能，更充分地发挥审计的监督效用，对此类建设项目的审计应当是以国家审计机关为主来开展相关工作。但是，PPP 模式作为一种新型投资模式，其建设项目相对于普通的国有建设项目而言，在参与主体方面呈现更加多元化的特点，投融资结构也更为复杂，利益相关方也越来越多。作为 PPP 项目的发起者政府方而言，要确保国家财产的安全、保证工程质量达标；作为项目的执行者社会资本方而言，为了确保项目的顺利进行，一方面要对项目的财务收支情况进行监督，另一方面也及时反映项目的建设及运营情况。为了保护各利益相关者的利益，国家审计是不可能实现的，这就导致在我国现行的 PPP 模式下，项目审计仍然缺乏明确的审计主体。

3. 审计人员综合能力较低

PPP 项目通常涉及一系列复杂的流程，从项目发起开始到项目移交结束，经历项目筛选、物有所值评价、财政承受能力评价、招投标采购、项目建设、竣工决算等多项程序。与普通的建设项目不同的是，一个完整的 PPP 项目流程将涉及会计、建筑、管理、法律等多个领域的内容，因此针对 PPP 项目的审计内容十分广泛。为了保证 PPP 项目的审计质量，必须保证审计人员具有一定的专业胜任能力，但结合实际情况来看，相关审计人员的综合实力并不达标。

比如在重庆市某地下综合管廊项目中，整体项目包含电力、燃气、通信、供热、给排水等多个地下管道规划工程，涉及技术十分复杂，审计内容多而杂乱，但审计项目组的成员较少，所以导致在具体审计工作的分配过程中，一名审计人员往往需要对多个审计项目的多项审计内容执行工作，以此来解决审计人员不足的问题，但以此形式进行审计，其质量往往难以得到保障。

此外，PPP项目所涉及的融资金额大，融资结构复杂，存在众多利益相关者，涉及的职责划分关系十分复杂，地下综合管廊项目本身执行难度较大且极具有专业性，为保障PPP项目的顺利运行就需要包括建筑、管理、法律、经济等多个领域的专业人员相互协作。因此，对审计人员的专业背景要求较高，需要审计人员同时具备财会、审计、建筑、法学等多方面知识背景。但实际上，综合管廊的审计项目组成员缺少具有多学科融合背景的人才，在过往工作经历中也并未接触过同类建设项目，缺乏针对此类PPP项目的审计经验。这就可能导致对此项目的审计监督作用难以有效发挥。

6.3.2 重庆市PPP投融资审计存在问题的原因分析

1. 对PPP项目认识不到位，审计重点不明确

虽然近年来相关政府部门相继出台多项政策推进PPP模式的发展，众多闲置的社会资金开始投入城市基础设施建设中来，但PPP模式在我国的发展仍处于初级阶段。政府、社会资本对PPP的认知不够深入，对PPP模式的运用仅仅只是进行简单的套用，对其实质的了解不够深入。

首先，审计人员的审计思维受限于传统的建设项目审计，在对PPP项目的审计内容以及重点的选择上有所偏差。比如，在开展PPP项目审计前只是将全生命周期中各个阶段的具体流程按顺序熟悉一遍，从较浅的层面上比较PPP建设项目与传统建设项目的不同之处，重点寻找PPP项目开展过程中的流程变化。因此，将PPP建设项目的审计与传统项目审计相比，仅仅只是在PPP项目中新增的流程上设置新的审计程序，而其他环节的审计程序没有任何变化。

其次，许多审计项目组中的审计人员依旧将PPP模式简单地理解成一种快捷、有效的融资渠道，认为在各类建设项目中运用PPP模式仅仅是为了吸引闲散的私人资金来降低政府方大力建设基础设施的资金压力。因此，审计项目组成人员由于自身认知的片面性，忽略了建设项目在引入PPP模式后所能够实现的"社会效益"，这就导致在审计内容的安排上也并未对项目带来的相应效益有所关注。这就造成对PPP项目的审计监督内

容并不全面，部分重点审计内容有所遗漏，审计人员很难对项目整体进行精准的把控，对 PPP 项目的审计效果将产生直接影响。

另外，PPP 项目持续时间较长，建设及运营周期通常长达几十年，投融资结构较为复杂，参与主体较多，有必要运用新的跟踪审计方法才能对 PPP 建设项目进行更加全面的监督。但由于 PPP 模式的发展在我国尚处于初级阶段，相关审计人员在实际工作中缺少针对 PPP 项目的审计经验，导致在开展审计工作时不能准确地识别出审计的重点，对审计的效率有一定的影响。目前，重庆市大多数审计机构在进行 PPP 项目审计时，仍然是以现有的政府投资项目审计为主要参考依据，虽然部分审计机构根据具体项目具体分析，并结合自身的审计综合能力对 PPP 项目审计的程序、内容等进行调整，但从当前的整体审计实践来看，各审计机构对 PPP 项目的审计重点依旧不够清晰。

2. PPP 模式下审计的法律依据不足，政策制度体系有待进一步完善

在 PPP 模式中引入社会资本，这使 PPP 项目相对于传统的政府投资项目来说，其投融资结构更加复杂。建立专门针对 PPP 项目的法律、法规、政策和制度，既能使 PPP 项目的运行得到规范，又能为审计 PPP 项目的工作提供一定的借鉴。截至目前，与之相关的规范性文件仍存在下列缺陷。

从国家层面来看，我国目前缺乏针对 PPP 项目审计的法律法规，现有的相关法律条款存在较多不足，例如内容不完整、层次较低等。而且，已发布的法律条款从结构上来看具有较大的分散性，还没有形成一个系统的、完善的法律制度体系；从形式上来看大部分属于规章政策等规范性文件，这类文件大多数由国务院下属部委制定，权威性相对较低。而且，不同机构出台的法律文件在内容上可能存在重叠，又或者在制定相关文件规范时忽视其他利益相关者的权益，更多地考虑自己的切身利益，从而出现部分文件不一致甚至存在矛盾的现象，这对 PPP 项目的审计监管产生了挑战。

PPP 模式在国外的发展已经进入了成熟阶段，许多国家在推进 PPP 模式的发展方面具有先进的经验。但由于各个国家之间存在较大的差异，我们要根据自己的实际情况，结合基本国情和 PPP 项目的自身特点，取其精华，去其糟粕，有针对性地吸收和借鉴。总之，PPP 项目具有各主体之间

的法律关系错综复杂、项目参与主体众多、组织形式多元化等多方特点，导致 PPP 项目的实施难度巨大，我国急需加快建设完善的 PPP 项目法律体系。另外，现行的法律法规大多是以 BOT 模式为基础来建立的，为了更好地满足 PPP 项目的健康发展，还需加大对其他 PPP 模式的立法。也就是说，要构建一个健全的 PPP 项目法律环境，就必须拓宽针对 PPP 项目法律体系的深度与广度。

从地方层面来看，重庆市虽然在推广 PPP 模式的同时，已经陆续出台了部分指导 PPP 项目运行的政策性文件，但从执行层面来看，部分内容存在指向不具体、含糊不清等问题，PPP 项目在真正运行时难以把握相关政策的松紧程度，审计人员对 PPP 项目执行审计的依据也并不明确，PPP 项目能否顺利进行具有较大阻碍。因此，急需建立健全具有系统性、操作性强的 PPP 政策体系。

3. 审计机关自身资源有限

结合全生命周期流程来看，PPP 项目从识别到移交这 5 个阶段中包括项目可行性研究、物有所值评价、招标、竞争性磋商、项目建设、运营、清算等多个环节；同时，涉及会计、法律、建筑、管理等多个知识领域。这无疑对审计人员的综合能力提出了更高的要求，要么单个审计人员具有多学科的融合背景，要么审计项目组在人员选拔时组建一支多元化的审计队伍。

但实际上，重庆市政府在对 PPP 模式的人才培养方面还存在较大的缺陷。一方面，政府对 PPP 审计人才培养的重视程度不够；另一方面，缺少相应的培训机构提供专业化的 PPP 人才培训服务。与此同时，私有企业或民营机构等社会资本方缺少专业的管理人才，导致目前 PPP 项目频繁出现前期谈判周期长、建设运营过程推诿扯皮等问题。尽管审计机关相关人员也在积极利用各类平台、各种资源来提高自己的专业胜任能力，但依旧满足不了 PPP 项目审计工作人员的能力要求。对于独特的 PPP 运行模式来说，我国审计机关急需一批多元化、复合型、高素质的审计人才来助理 PPP 项目的高效运行。

6.4 PPP 投融资项目审计案例分析

6.4.1 重庆绕城高速公路 BOT 项目审计案例

1. 案例简介

重庆绕城高速公路，由重庆高速集团承建，采用 BOT 运作方式。该项目全长约 187.96 千米，总投资 131.83 亿元，起于北碚，经沙坪坝、九龙坡、江津、巴南等 8 个行政区，环绕到起点。项目包括涵洞、隧道、立交等的建设，规划路基宽为 34.5 米，建设双向六车道，设计时速为 100～120 千米/时。

本项目于 2004 年通过交通部审核，于 2005 年正式批复，累计施工长达 4 年时间，于 2009 年 12 月 31 日正式通车运行。作为重庆市内高速公路规划中的重要组成部分，其建成通车对重庆市内交通运输起到了重要作用，对加快重庆主城与外围江津、西永等经济组团的连接与经济建设具有重要的战略意义。

2. 案例特点分析

通过分析本项目的工程竣工决算审计报告，发现本项目存在以下特点：

（1）审计机关常用竣工决算审计的方法对项目的资金管理、工程管理、绩效等多方面开展审计工作。

（2）本项目审计的重点为工程管理行为和资金管理核对。针对项目的工程管理行为，主要审计项目的合同签订、招投标程序是否依法依规；针对资金管理核对，主要审计相关资金是否按时拨付、竣工结算价款是否准确。

（3）本项目的审计方法只能对尚未完工、仍处于建设中的项目开展，一旦项目完工且质量评级合格之后，审计项目组无法继续对项目开展跟踪审计。此外，为了有效保证项目的建设进度以及工程管理水平，跟踪审计意见无法跟随项目施工的进度立即发表。

（4）本项目主要将项目执行效率、经济及社会效益以及采用 BOT 运作模式的实施效果作为审计评价的主要内容，但目前项目跟踪审计过于流程化，审计监督的效用并未充分发挥。

3. 审计过程中发现的问题及相关建议

本项目于 2010 年 6 ~ 10 月开展竣工决算审计，审计主体为市审计局，主要以《审计法》《重庆市国家建设项目审计办法》《建设项目审计处理暂行规定》《建设工程价款结算暂行办法》等作为审计依据。通过审计发现本项目存在以下问题，具体如表 6 - 1 所示。

表 6 - 1 重庆绕城高速项目存在的问题

类型	具体问题
多计工程价款	多预留尾工工程费用
	多计应由区政府承担工程费用
	多计工程结算价款
多计工程建设相关费用	多计征地拆迁补偿支出
	多计筹资费、勘察设计费、监理费等相关费用
工程建设管理不规范	边坡绿化工程未进行招投标
	绿化工程不到位导致扣减工程价款
	征地拆迁资金使用不规范
	个别招标文件和合同文件执行不严格

对此，审计项目组提供了较为可行的建议。针对多计工程价款、建设费用的问题，一方面，由于重庆地处四川盆地，地形复杂，建设绕城高速往往会面临隧道挖掘、高架建设、移民等多方面的难题，出于成本效益的原则，项目的设计可能会发生多次变更，项目预算也会随之改变，可能出现超出原有项目预算的情况。因此，相关部门十分有必要重点关注项目的前期论证，加强对项目造价的管控，避免超出预算情况的发生。另一方面，由于基础设施建设项目所涉及的投资金额巨大，很容易出现多计或漏

计相关费用的情况，需要完善工程计量支付的技术规范对避免此类情况的发生具有重要意义。针对工程建设管理不规范的问题，项目建设集团需要提升合同管理意识，加强对建设过程中各类细节的把控。

4. 项目审计存在的问题分析

结合对重庆绕城高速公路的审计情况，以及目前国内针对 PPP 项目审计的现状来看，由于受国家政策、法律体制、经济因素等多方面的影响，针对 PPP 投融资项目的审计还存在诸多问题，具体如图 6 – 1 所示。

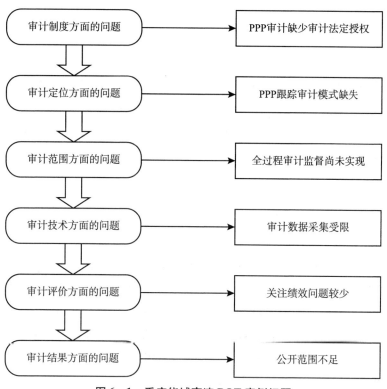

图 6 – 1　重庆绕城高速 BOT 案例问题

（1）从审计制度方面来看，PPP 项目审计缺少审计法定授权。随着 PPP 投融资模式被大力推广以来，采用 PPP 模式的项目数量以及投资金额都出现了爆发式的增长。从项目资金的来源来看，虽然 PPP 项目投融资结构复杂，所涉及的投资主体众多，但资金主要来源于私有企业或民营机构等社会资本。由于PPP项目提供的是社会民生相关的公众产品或服务，对国家经济平稳发展、社会稳定运行具有重大意义，因此，政府有必要强化对PPP项目的监督管理。

但截至目前，不同层次的审计机关对于是否拥有对PPP项目的审计权限问题仍未达成统一认识。《审计法》规定审计机关需要对以政府投资为主的建设项目进行审计监督。在针对"以政府投资为主"这一概念上有明确的规定：一是政府财政资金占PPP项目总投资额的50%以上；二是在未完全使用政府财政资金时，政府依旧拥有对项目的实际控制权。只有在符合以上规定任意之一时，审计机关才有权利依法对PPP项目执行审计工作。

另外，由于不同地区之间的经济状况、财政情况具有较大的差异，各地区对PPP项目的审计也有所不同。例如，福建审计厅认为PPP项目不属于法定审计范围，因此审计机关并未对省内的PPP项目开展审计。而句容市政府发文明确规定由市审计局作为PPP项目的审计主体，有权对PPP项目实施全程审计与监督。

综上所述，相关政府部门有必要从制度层面完善相关法律法规，来明确PPP项目审计主体，达到各地对于PPP项目审计的统一。

（2）从审计定位方面来看，PPP项目跟踪审计模式缺失。在PPP模式被广泛运用于公共产品或服务这一发展趋势下，政府部门逐步意识到PPP项目的实施对经济发展的重要性，PPP项目能否有效运行、项目质量是否达标开始得到各级审计机关的关注。为了更好地实现PPP项目的经济和社会效益，审计机关加大了对PPP项目的监督管理力度。但PPP投融资项目过于复杂，涉及面太广，导致审计机关在各方面的定位较为模糊，无法确保对PPP项目的审计从严进行，该问题虽然引起了审计机关的重视，但仍未提出进一步的可行的解决方案。

（3）从审计范围方面来看，全过程审计监督尚未实现。到目前为止，虽然政府提出了要提前进行审计介入的观点，但仍未得到良好的落实，审计机关对政府投资项目的审计仍将建设期作为审计重点，即便是长达几十年的运营期也没有纳入PPP项目的审计范围。

（4）从审计技术方面来看，审计数据采集受限。为了更好地达到跟踪审计的监督效果，在实施跟踪审计过程中，可以适当利用信息化技术。但目前，我国 PPP 项目审计对信息技术的应用还不灵活，存在着诸多缺陷，进而导致跟踪审计工作出现问题。一方面，如何依托于信息手段来建立审计的合理框架，在计划中并未严格地表明，进而无法对 PPP 项目审计进行动态化的管理；另一方面，PPP 模式一般运用在大型工程项目中，建设周期长、风险高、投入大。目前 PPP 项目所采用的查询法、分析法、调查法等已经不能很好地满足新型 PPP 投融资模式的审计需求，缺少新型技术手段，导致 PPP 项目审计受到制约。

（5）从审计评价方面来看，忽视绩效问题。对 PPP 项目实施跟踪审计能够评估项目采用 PPP 模式是否达到"物超所值"，也就是衡量 PPP 项目的成本与效益之间的关系，其最终目的是提升项目带来的经济和社会效益。那么，需要对审计结果进行合理运用，对跟踪审计发现项目中存在的各类问题需要进行详细分析并予以改正，对于政策上的一些漏洞，也需要及时出台相关制度予以完善。但实际上，对审计结果的运用，大多数仅停留在问题修改层面，而对于项目绩效提升的关注度不够。

（6）从审计结果方面来看，公开范围不足。PPP 作为提供社会公共产品或服务的重要手段，项目的正常运行与否是社会工作所关注的焦点问题。从公共利益的角度来说，对其实施跟踪审计必须从公众角度出发，重点考虑社会公众的利益是否充分实现。但结合现阶段实际情况来看，审计机关对其出具的审计报告只能平移交给相应的政府部门，社会公众并没有任何的参与权，忽视了对公众利益的保护。

6.4.2　H 市地下综合管廊 PPP 项目审计案例

1. 案例简介

H 市地下综合管廊 PPP 项目采用 BOT 运作方式，建设期 1 年，运营期 25 年，建设管廊长度为 24.7 公里，总投资约 28 亿元。该项目包括土建、安装和管线入廊 3 项工程，廊内包括电力、通信、燃气、供热、给排水等 8 种类别管线，施工采用拼装整体与现场浇筑相结合的工艺方式。

本项目于 2016 年 7 月公开招投标，于 2017 年 4 月开工，2018 年 5 月竣工验收并投入使用，计划于 2042 年特许期满后移交于政府。本项目的建设运营充分合理地开发利用了 H 市地下空间，有效缓解 H 市城市发展与土地资源紧张的矛盾，对提高土地利用率、提高城市基础设施建设水平、整体服务水平具有重要的意义。

2. 审计介入过程

本项目采取跟踪审计的方式对其执行审计工作，具体工作流程按照项目的运行规律进行。在项目识别和准备阶段，审计项目组选派两名审计人员收集项目前期准备资料，主要审计项目是否可以采用 PPP 模式、相关审批流程是否合法合规等，以便达到事前预防的审计效果。在项目采购阶段，选派 3 名审计人员收集项目开展招投标的相关资料，主要审计项目招投标过程是否规范、招标结果是否公开透明、相关招标协议是否完整等，更好地保证项目公开公正、合理合法。项目的建设阶段作为整个 PPP 项目中最为重要的环节，需要审计项目组成员全员参与，并且要进入项目的施工现场进行实地审查，以便及时发现项目在建设过程中存在的问题，并提出相应的解决措施。在项目建设完成进入验收阶段时，有必要对其进行竣工决算审计，主要针对建设单位所提供的竣工决算报告进行审查，核实是否存在有异议的部分，保证项目的真实性、准确性。

3. 各阶段审计内容及结果

对本项目的跟踪审计主要在项目识别、准备、采购、执行这 4 个阶段展开，鉴于 PPP 项目比较复杂，在实际审计过程中主要结合各阶段的审计重点开展相关工作，审计重点如表 6 - 2 所示。

表 6 - 2　　　　　　　　　　　各阶段审计侧重点

阶段	审计侧重点
识别阶段	评价项目是否可以采用 PPP 模式进行建设
准备阶段	评价项目合同设计与管理是否合理
采购阶段	评价项目招投标流程是否公开公正
执行阶段	关注项目资金收支、工程建设、变更等情况

（1）项目识别阶段。评价项目是否可以采用 PPP 模式的重要依据是结合项目财政承受能力论证报告，若项目政府付费或政府补贴等财政支出低于当年一般公共预算支出的 10%，则适合采用 PPP 模式进行建设。对此，主要审计内容包括检查 H 市政府支出责任划分、项目的投资回报合理性、测算 H 市近 5 年财政收支情况。针对职责划分，需要检查股权投资、运营补贴支出、风险支出等责任是否合理划分给相应的承担方；针对回报是否合理，可以通过与 H 市市政行业平均利率进行对比分析。

通过审计发现，H 市政府支出责任划分以及项目的投资回报具有一定的合理性，H 市近 5 年财政收支情况证明本项目不存在回购风险，从整体上来看，本项目适合采用 PPP 模式。

（2）项目准备阶段。评价项目合同设计与管理是否合理，审计人员需要执行以下审计程序：检查 PPP 合同是否对项目付费机制作明确约定，检查项目的施工范围是否在 PPP 合同中予以清晰划分，检查 PPP 合同是否明确了政府和社会资本方之间的权利和责任，检查 PPP 合同中是否具有针对项目验收、工程量确认等内部控制制度，检查 PPP 合同中的经济条款是否明晰，检查 PPP 合同是否存在争议解决办法等。

通过审计发现，虽然该项目在回报机制上明确了由管廊的敷设收入、维护收入和政府补贴作为项目的收入来源，但是针对项目建成后具体的付费方式、标准等仍未作出更细化的约定，付费机制较为模糊。

（3）项目采购阶段。本阶段主要评价项目招投标流程是否公开公正，审计人员需要审查是否设置资格预审条件，查阅项目招标相关的文件及公开信息。

通过审计发现，本项目经过了 H 市发改委的批准，在市政府采购网上发布了公开招标信息，由具有招标资格的代理机构执行本次招标工作，同时设置了资格预审条件。在对本项目的招标期间，共有 6 家公司参与本次招标竞选，通过评标委员会的评估之后选取 C 有限公司作为中标候选人，接下来及时将该中标结果进行公示，公示期内未收到任何异议。最终，经过 H 市发改委的批复同意，签订 PPP 合同，明确项目的具体事宜。从招标流程上看严格履行了 PPP 项目公开招标的程序。但在评标委员会的专家选取方面存在一定问题，本组专家共 8 人且均具有相关资质，但是由于 3 人来自同一家公司，可能导致本次评审的客观性不足，不符合国家规定。

（4）项目执行阶段。本阶段主要关注项目资金收支、工程建设、变更等情况，审计人员需要执行以下审计程序：审查资金到位情况与 PPP 项目合同约定的比例是否相符；审查项目建设及运营期的相关会计凭证是否真实、完整、准确；审查项目使用资金是否存在大量超支或者闲置等情况；审查建造合同履行情况，包括项目是否按时开工，履约进度是否与合同约定一致等；审查项目建设的手续是否合法合规、完整；审查项目建设质量是否达到合同要求；审查项目是否发生工程变更，如有变更，审查变更的合理性、手续的完整性等。

通过审计发现，存在同一会计凭证中出现多项毫无关联业务、项目专门借款闲置资金产生的收益为按照会计准则的规定去冲减资本化利息、应付职工薪酬的相关附件不齐全、调账事项未经过适当程序审批等多项问题。同时，项目在建造过程中发生了部分变更但并未取得相关部门的签章，变更审批手续不完整。

6.4.3 唐山市园博会核心区 PPP 项目审计案例

1. 案例简介

唐山市南湖区域作为 2016 年园博会的核心区选址，区域内 2 204.05 公顷的公共建设用地作为本次项目的实施范围，包括世园会绿化、道路、场馆等设施的投资、建设、运营服务。唐山市政府拟通过 PPP 模式实施本项目，采用 BOT 运营模式。

在原有政府投资的基础上，引入社会资本，共同出资构建项目公司，本项目由唐山市政府授权的唐山市南湖生态城开发建设投资有限责任公司与社会资本中信信托按 40% : 60% 共同出资构建项目公司——唐山世园投资发展有限公司，负责 2016 年唐山世界园艺博览会基础设施及配套项目的建设和后期的运营管理。

根据 PPP 合同，项目计划总投资 33.6298 亿元，其中固定资产投资 32.2998 亿元，建设期利息 1.33 亿元。政府及社会资本投入 10.1298 亿元，占总投资的 30.12%，通过银行贷款解决其余 23.5 亿元的资金缺口，占总投资的 69.88%。其中，政府投入资本金的 40%，数额约为 4.05 亿元；社会资本投入资本金的 60%，数额约为 6.08 亿元。

园博会核心区的成功建设将成为 21 世纪促进唐山乃至周边地区经济发展、城市建设的强催化剂，对于提高唐山市园艺发展水平和促进城市发展产生深远影响。

2. 审计风险识别

2017 年 2 月，相关部门组建了一支由市审计局为主导，第三方事务所为辅助的专业审计队伍，对本项目开展了为期 10 个月的竣工决算审计工作。

审计项目组采用风险核对表法对本项目的风险进行评判识别，初步评价认为存在项目本身以及审计单位行为这两大类别的风险。针对项目本身，其认为在项目招投标、金额的高估冒算、合同规范性以及项目管理的规范性这 4 个方面存在风险点，且相应的风险等级依次为低、高、高、一般。针对审计单位行为，其认为不存在审计失职与审计不作为的风险，存在审计越权、审计乱作为、审计失察这 3 方面的风险，且相应的风险等级依次为高、低、高。

通过对项目的前期手续、招投标情况、合同履行情况、工程结算等执行审计工作后，审计项目组发现导致项目风险的来源所在。由于本项目所采用的 PPP 模式作为新型投融资模式，在全国范围内还未广泛运用，在唐山市内也是第一次使用，项目本身所涉及的领域较广且专业性较强，社会各界对于该模式下的项目是否应纳入审计范畴仍有所出入，尚未达成一致，导致项目的潜在风险较大，易引起审计单位行为的三方面风险。

审计项目组发现本项目在招投标方面存在串标的嫌疑，但是尚未掌握充分的证据，项目组成员的职权也相对有限，无法对其展开更加详细的调查，也无法将此类问题移交司法机关处理，导致审计人员只能发表本项目在招投标方面不存在问题的意见。但如果招投标真实存在问题，而项目组成员由于审计手段有限，缺乏证据而无法证实，相应的审计风险由此产生，将对 PPP 项目的运行产生重大影响。

另外，审计队伍中有一部分人员来自第三方会计师事务所，在对项目开展审计的过程中，只能通过审计开始前签订的合同协议对其进行约束，相比于政策条款而言，约束力较弱，可能存在审计腐败或者相关人员不作为的问题，进而导致无法发挥审计的监督效用，引发审计风险。

6.4.4 唐山南湖国际会展中心 BOT 模式审计案例

1. 案例简介

唐山南湖国际会展中心项目原名"唐山东方南湖国际会展中心项目"，建设地点位于唐山市南湖生态城。唐山南湖国际会展中心总用地面积约88.54 亩，总建筑面积 92 661.75 平方米，其中，地上建筑面积 81 913.74平方米，地下建筑面积 10 748.01 平方米。地上建筑包括 A 区（会展）建筑面积 43 218.19 平方米，B 区（会议）建筑面积 21 365.30 平方米，C 区（酒店）建筑面积 16 810.66 平方米，连廊等其他附属配套建筑面积519.59 平方米；地下建筑为车库和设备间。本项目总投资 99 174.01 万元，其中建筑工程费 66 522.89 万元，设备购置费 4 782.14 万元，安装工程费573.86 万元；本项目的建设主体是唐山市政府委托的国际会展中心有限公司，该公司由唐山市南湖生态城开发建设投资有限责任公司与唐山东方房地产集团有限公司（以下简称"东方房地产公司"）共同组建，其中南湖投资公司获得 6 000 万元经济预算和项目土地使用权价值的份额，东方地产参与直接投资会展中心主体项目建设。该项目采用 BOT（建设—运营—移交）模式，唐山市政府授权唐山市南湖生态城管理委员会担任项目实施机构并与国际会展中心有限公司签订 PPP 合同，该公司全程负责对南湖国际会展中心的运营维护和管理，并通过使用者付费和可行性缺口补助获取收益，合作期满后，项目公司应无偿将南湖国际会展中心移交至唐山市政府。但在此过程中，东方房地产公司的资金链断裂，项目无法及时完成，这将直接影响到 2016 年 6 月 16 日中国—中东欧国家地方领导人会议、中国中东欧国家省州产业合作展、中东欧国家进出口商品展、冬奥会专题展的开幕式。为应对建设中的突发情况并保证项目如期完成，2015 年 7 月 28日，市政府召开了市长办公室第十四次会议，商讨该项目后续资金供应问题，最终决定唐山东方房地产公司撤出会展中心建设，整体提前移交给南湖投资公司建设。截至审计之日，该项目共筹集资金 6.12 亿元，其中财政拨入 1.6 亿元, 自筹资金 4.52 亿元。

2. 审计风险识别

针对该项目资金链断裂、建设单位中途更换的具体情况, 审计人员进行了详细调查, 分析项目状态, 采取了德尔菲法与头脑风暴法相结合的方法对审计风险进行识别, 运用德尔菲法, 在专家达成一致意见的基础上再运用头脑风暴法, 充分发挥审计组成员的主观能动性, 尽可能准确地识别潜在的审计风险, 最后分析出原建设单位作为私企, 在施工过程中可能存在不进行招投标程序, 同时为了实现利益最大化, 结算时高估冒算、虚报工程款的可能性较大。

审计组在审计过程中发现, 项目前期程序不完善, 相关项目审批文件不完善, 施工进程缓慢, 资源使用不合理。究其原因, 是在审计监督介入时间之后, 在项目的初始阶段没有一定的监督机制, 造成后期审计监督时只能看到一些项目表面存在的问题, 无法深入了解引起这些表面问题的本质属性, 审计人员将无法发现项目的隐藏问题, 从而导致审计风险。这是由于审计监督不力造成的。应学习美国和德国的做法, 将审计监督关口向前推进, 并在项目的早期阶段开始全面检查相关立项文件、手续、资金运用和项目进程安排等问题。

第7章

重庆市 PPP 投融资模式审计评价

前一章介绍了 PPP 投融资模式的风险点以及重庆市 PPP 投融资模式审计存在的问题及其背后的原因。当前，重庆市 PPP 投融资模式主要应用于公共基础设施领域，包括能源设施、农业、水利、交通（公路、地方铁路、轨道交通）、信息基础设施、市政公用事业、经营性社会事业设施、生态环保和土地整治开发等，具有一定的公共投资项目特点。为了便于评价重庆市 PPP 投融资模式审计的绩效，对 PPP 投融资模式下公共投资项目开展有效的监督，本章对重庆市 PPP 投融资模式审计评价体系的构建原则、指标选取、评价体系现状及具体应用展开介绍。

7.1 PPP 投融资审计评价指标体系

7.1.1 评价指标体系选取原则

项目评估指标体系是评价 PPP 投融资模式审计绩效的关键，亦是 PPP 投融资模式审计的指挥棒。因此，项目评价指标体系的设计一定要遵循科学性、通用性、可比性、独立性、针对性和目的性的原则，这样制定出来的指标体系才具有完备性和可操作性，有效监督 PPP 投融资模式审计效果，使项目达到最终目标，方能充分发挥其应用价值。

1. 科学性原则

建设工程审计的指标体系，要全面地考察其是否采用了科学、高效的方法和手段，将理论和实践相结合。以科学理论作指导，抓住评价对象的本质，严谨合理地构建项目评估体系的基本概念和框架结构，并采用科学合理的方法和手段，选取能够通过观察、评议等方式得出明确结论的定性或定量指标，以便对 PPP 项目审计情况作出科学有效的评价。定性或定量指标的计算方法一定要坚持科学发展的原则，统筹兼顾，既囊括所有 PPP 项目审计绩效的影响因素，又要对各指标因素的数据可得性、可操作性及可量化进行科学的界定，以保证评价结论的合理性、科学性。

2. 通用性原则

通用性指的是不同类型、不同时期项目的审计绩效具有共同的特征，可以通过指标体系进行评价打分，为后期的可比性奠定基础。也就是说，评价指标体系中的指标选取可以体现不同时期项目以及不同类型项目的共同点，每一项指标的内涵和外延基本稳定，用来计算各指标的标准参考值相似甚至相同。同一时期但不同类型间进行比较是横向比较，同一评价对象但不同时期互相比较称为纵向比较。

3. 可比性原则

可比性指的是 PPP 项目审计绩效可以对不同项目同一时期、同一项目不同时期进行比较，即横向比较与纵向比较。其中，横向比较就是指不同项目同一时期进行比较。换言之，需要对同一时期不同项目的共同点进行归纳整理，选取恰当的定性或定量指标，以确保同一时期不同项目可以进行比较。纵向比较就是指同一项目不同时期进行比较。简单来说，同一项目不同时期特征保持稳定，各指标结构、内涵外延不变，可以对同一项目审计情况进行持续性评价。

4. 独立性原则

独立性是指每一项指标在内涵、界定、量化方法等方面不交叉或重复，指标与指标之间并无关联度，独立性较高。若某个指标与其他指标具有明显的因果关系或高度的相关关系，指标之间的关联度可能造成严重的数据内生性，直接影响指标体系的评价结论。

5. 针对性原则

尽管当前的 PPP 投融资项目主要涉及能源设施、农业、水利、交通（公路、地方铁路、轨道交通）、信息基础设施、市政公用事业、经营性社会事业设施、生态环保和土地整治开发等公共基础设施领域，具有一定的公共投资项目特点。但是，不同类型的 PPP 投融资项目具有明显的资金流差异、技术差异、验收标准差异等。因此，评价指标体系必须抓住同一类型项目最典型、最具有代表性的特点，精准反映出项目的本质。

6. 目的性原则

PPP 投融资项目审计评价的目的并非仅对项目运行或者建设中的审计情况进行简单的优劣评价，而是通过设计评价指标体系，对项目建设和运行进行引导、激励、跟踪评估和监督。因而，指标体系的设计还需关注指标量化程度、指标参考值的合理性等。充分应用指标体系，对评价对象行为实施监督，及时调整解决项目中的问题与困难，引导项目始终向着正确的目标和方向前进，确保每一个 PPP 项目的顺利建成和运行。

7.1.2 评价指标选取

按照以上原则构建评价指标体系，紧接着，就是选取具体的评价指标。评价指标应覆盖 PPP 投融资项目决策、运行、收回的全过程，具体做法如下。

1. 投资决策阶段审计评价指标

PPP 投融资项目决策阶段是项目顺利开展的开端，也是确定项目建设目标和运行管理的起点。如若在此阶段作出不当决策，项目建设将难以达到预期目标，且项目投入巨大、验收运行时间漫长、纠错成本巨大，很容易造成资源浪费。因此，设计并构建科学合理的投资决策评价指标，必须体现 PPP 投融资项目的公共性、科学性、民主性。具体来讲，包括审批流程的规范性、定价和计量方法选取的科学性、工程时间进度安排的民主性等。这些指标选取主要是定性指标。审批流程的规范性讲究项目建议书或者可行性研究报告的编制过程、审批程序是否规范。定价和计量方法选取的科学性是指 PPP 投融资项目的设计图、施工图的设计绘制是否科学；施工材料的选用有没有严格遵循规定的标准要求；启用的机器设备和其他材料定价是否科学，是否超过国家或市场定价；成本估算方法选取的科学性，成本预算能否在不影响项目质量的情况下满足控制成本的要求，不可预见费用的数量是否超过预估范围。工程时间进度安排的民主性包括 PPP 投融资项目的过程有没有运用到诸如网络分析等技术，有没有对工期和费用进行分析，有没有在重要的节点上准备两个应急预案，规划中是否存在着可以调换人手和时间的错误假定；组织形式能否适应项目管理的需求，有没有考虑紧急突发情况，是否存在多余的人员。

2. 投资运行阶段审计评价指标

PPP 投融资项目运行阶段是项目建设达到目标和管理要求的关键。运行阶段如若出现失误，项目回收阶段将很难顺利开展、资金难以回笼、资源浪费甚至会威胁人民生命安全、引发人民内部矛盾等，危害社会稳定。因此，设计构建恰当的投资运行评价指标，必须体现 PPP 投融资项目的科学性、目的性、针对性。这些指标选取主要是定性和定量指标，具体见表 7 – 1 和表 7 – 2。

表 7 – 1　　　　　　　　　　　　　定性指标

1	工程项目的验收能否满足项目的要求
2	项目材料的采购是否符合国家有关的采购制度
3	公共项目经费的合理利用，款项到账与拨付是否及时
4	内部系统提供的服务是否能以更低价格从外部获取
5	对被审计项目单位制定的计划，是否存在计划与执行情况不相符的现象
6	工作环境是否能让大部分雇员感到舒适且生产力升高
7	在审核长时间超负荷的情况下，能否有适宜的减轻员工压力的措施
8	项目施工中的技术水准和目标的差距有多大？
9	能否在资源尽量不遭受损失的前提下，工程项目内部检查和报告系统迅速地为决策者提供正确、充足的信息

表7-2   定量指标

指标	内容
筹资和利用指标	资金到位率、建筑经费的使用率、基建结余资金占用率
项目进展指标	进展、当期综合进展与累计综合进展的偏差 工期与投产时间年限 投资方案完成率、资产的交付利用率、完工进度率与延迟影响率等
项目品质标准指标	正次品率，合规品率，再加工损失率
工程造价指标	成本差异，建造费用率，每单位产能的投资
工程安全指标	与工作有关的死亡数量，严重事故数量等

3. 项目投资回收期业绩审核的评估指标

工程建设是否能够达到预期目标与管理要求是对 PPP 投融资项目回收期的最终检验。这一阶段的重点是实施后评估项目的成效，着重于投产后的环境效益、经济效益与社会效益等指标进行评估。这 3 类包含的主要内容如表 7-3 所示。

表7-3   投资回收期业绩审核的评估指标

指标	定性或定量	具体内容
环境效益评估指标	定量指标为主	综合能耗
		工程平均每人用水量
		单位投入对植物和动物的存活物种类型
		环境品质指标
		单位投资占地
		单位投入对文物景观的破坏量
		新的森林覆盖率
		盐碱度
		新的污染防治成本
		单位投入提高小气候区域
		三废的新增人均排放量

续表

指标	定性或定量	具体内容
经济效益评估指标	定量指标为主	投资效果系数
		投资回收周期
		新增固定资产效率
		总资产增长率
		投资产值率
		投资利税率
社会效益评估指标	定量指标为主，也包含部分定性指标	对当地人口、文化和教育与卫生保健的作用（每单位投资减少的患病人数、新移民的数量与新的卫生保健费用等）
		公正收入分配的效应（国家、地方与企业的分配份额以及个人收入增长率等）
		就业效应（每单位投资的总就业、直接与间接的就业效应等）
		对当地居民生活水平与习惯的作用（人均新住房面积、新的能源供给数额与新的交通费用等）
		项目的投资效应的持久性（项目的实施与政策的一致性，对贫困人口、妇女和受害民众的可信度，项目实施机构的运作和维护项目的成效）
		对地方居民社会福利与保障的作用（安置援助等）
		对地方居民的社会构架与生产组织的作用（整个社会的劳动生产率的整体增长率）

7.1.3 评价指标体系的构建

1. 评价方法的选取

定性和定量分析相结合是科学评价的基础，其前提是制定适当的审计评价指标。我国 PPP 项目审计指标设计中常用的主要方法有 KPI 法、关键成功分析法和平衡计分法。关键绩效指标的基本方法是将科学的目标管理与过程定量评估的思想相结合，将最终目标层层分解为几个小目标，确保各级目标不偏离组织的最终战略目标。该方法的基本思想是通过科学的方法来区分整个项目中的重要指标和关键指标，并成为评价其绩效的有效依据。"考什么"的问题已经很好地解决了，但并不明确"如何考"。在实际评价中，许多指标无法进行定量分析，评价结果的客观性可能不够。关键成功分析方法首先通过科学分析揭示企业或项目成功的关键因素，然后将这些关键因素作为确定系统需求和逻辑规划的中心。关键成功因素的选择已成为指标制定者慎重考虑的问题。最好的办法是将传统方法与中国 PPP 项目的特性相结合，借鉴发达国家发展 PPP 项目的经验，从项目目标出发，在项目建设的各个阶段动态考虑政府机构、私营企业和公众的利益。

2. 评价指标设计

以成功关键分析法为例，按照项目存在的问题、项目绩效影响因素等，选取以下关键性的指标（见表 7 - 4）。

表 7 - 4   PPP 投融资模式审计评价指标选取

指标纬度	中间层	指标层	权重
时间	工程基本时间	设计时间	
		建设时间	
费用	工程基本费用	设计费用	
		建设费用	
质量	工程质量	设计可建造性	
		工程质量合格品率	
		工程质量优良品率	
	运营质量	生产产品/服务质量	
		服务的可靠性	
创新	工程创新	设计创新	
各方满意度	政府满意度	政府对硬件设施的满意度	
	公众满意度	公众对项目环境效益的满意度	
合同管理	合同弹性		

续表

指标纬度	中间层	指标层	权重
项目可持续发展	运营商业绩效	净资产收益率	
		总资产报酬率	
		总资产周转率	
		资产负债率	
		资本积累率	
	组织建设	人员结构合理程度	
		员工人均培训天数	
		员工人均培训费用	
	资源利用	项目单位资产值综合能耗	
	环境保护	环境质量指数	

3. 权重计算的方法

权重确定方法包括层次分析法、专家打分法、熵值法等，具体使用方法可以根据指标体系的具体情况进行选择与改进。本章将详细介绍专家打分法。

该方法权重的确定是由多位专家结合自己的经验，对有关的评估结果进行仔细的分析，详细步骤共分为 10 步。

第一步：挑选评估权重的专家，其应在该领域具有较高的权威性和代表性，使其熟知权重的概念和顺序以及如何计权的方法。

第二步：列表。确定项目的影响因子，并给定每个评价因子相应的权值范围，对分值量化尽可能精确，用评分法表示，根据权值数设置列数，行列对应于权重值，按重要性排列。

第三步：要求每位参评者根据下面的第四步到第九步，不记名填第二步中所列出的表，并重复检查直到所有人员准确完成。

第四步：参评者对每一列的每个权重作出记号并写下评价分值。

第五步：所有成员都被要求逐一比较标记的栏目，看分数是否有代表性，对他们的意见是否公平，如果发现有不公平的地方，就咨询专家，并再次标记分数。

第六步：总数＝各个评价因子（或变量）的重要性的评分值之和。

第七步：每个评价因子的权重＝每位参评者用第六步得出的总数去除分值。

第八步：将各参评者的评分表汇总，得出各评价因子的平均权重，称为"组平均权重"。

第九步：参评者将每个类别的平均值和他们在第七步所得出的权重相比。

第十步：如果有人要更改评分，就必须返回到第四步，从头再来。如果没有任何反对意见，那么评分就此终止，并由此决定每个评价因子（或变量）的权重。

4. 设置核心指标的衡量标准

由于各指标在体系中的重要程度不同，核心指标可以采取 1 分值的衡量方式，并且对各个层次的指标进行合理科学的赋权，确定恰当的权重关系到评价指标体系在实际应用中的可操作性。

采用加权综合指数法对结果评价。通过收集各阶段的资料，从实际应用角度出发，考虑各个层次、各个维度的指标实际情况，并科学设计各维度的权重，根据加权综合指数法计算出合理的分数区间，对各区间划分不同的等级，具体核算所属区间战略目标分层任务的完成情况。

7.2 重庆市 PPP 投融资审计评价情况

PPP 模式指的是政府与社会资本合作，并具有风险共担、收益共享特点的一种新型项目合作模式。20 世纪广泛应用于国外，其中 PPP 模式在英国、日本、印度等国家基础设施建设方面的运用均产生了良好的社会效益。近几年我国政府也相继颁布了相关制度和条例鼓励这种公私合作的项目运营模式。2015 年 PPP 模式开始在我国公共基础设施领域广泛应用，被誉为"PPP 发展元年"。之后，国务院及相关部委出台了系列政策鼓励和推广政府与社会资本合作（PPP）模式，并积极构建全国 PPP 项目库，各级地方政府亦陆续推出各类基础设施和公共服务 PPP 项目。然而，PPP 模式的应用在我国仍处于起步和探索阶段。国外在 PPP 模式推广应用方面充分发挥了 PPP 模式在公共产品和服务供给方面的作用，提高了基础设施供给效率、政府治理效率、财政资金使用效率，而我国则更多侧重于发挥 PPP 模式在推动供给侧结构性改革、加快城镇化进程、激发市场活力、促进政府简政放权方面的作用。同时，我们也看到 PPP 在实际应用中出现了许多问题，这很大程度上源于我国审计制度的不完善。如何把审计制度运用于这种新型的公私合作模式中成为迫切的重要议题。在审计中，对 PPP 项目的审计范围、审计方法以及审计过程、审计评价都应因地制宜，结合 PPP 模式的特点，在审计制度和方法上进行改革创新，这既体现了国家治理的执行，也是为了提供更有效的高质量的公共产品与服务。

目前，中国没有形成统一的科学的项目审计评价指标体系及评价标准，现有的审计评价指标体系采用定量与定性的指标进行综合评价，并且指标体系具有多层次特点，采用重点关注与全面审查相结合的非常复杂的指标体系。由于 PPP 项目多是由政府与社会投资者两个部门共同参与，但是政府侧重于提供土地资源以及财政资金调拨，而社会资本主要参与投资资金、提供先进技术和优秀管理人才。所以，对于 PPP 项目的审计也相对复杂，需要有针对性地进行审计，对政府和社会投资者的审计关注点也应有所不同。

重庆 PPP 投融资项目的特点：2014~2016 年重庆市已开工的 PPP 项目总计 35 个，投资额超过 2 000 多亿元，涉及铁路、高速公路、桥梁、轻轨等交通设施建设最广，其次是水利、电力、环保行业，也有商品住房、停车场以及医院的建设项目等。由此可以看出，重庆 PPP 项目行业特点是集中于基础交通设施的建设，这也是缘于重庆独特的地理形势：山地丘陵较多，覆盖面广，对桥梁、公路、铁路的需求量很大。同时，这也是我国经济发展的一个迫切要求，四通八达的交通网络的发展会带动一个地区经济的发展。重庆市政府近年来也出台许多相关政策鼓励发展 PPP 项目，鼓励发展基础设施建设，带动经济发展，为国家供给侧改革提供有力支持。本文介绍的审计评价指标体系主要以重庆 PPP 投融资项目为对象，即主要以交通基础设施建设为行业背景，提出构建项目审计评价指标体系的基本思路，并从评价指标体系的数据获取、指标体系的得分计算以及评价结论 3 个方面来展开。

7.2.1 评价指标体系构建

1. 建立"5E"审计评级指标体系

传统的审计主要包括财务审计、绩效审计和专项审计，但对于工程类的项目绩效审计必不可少。因此，本文主要从绩效审计方面来展开，而财务审计可以参照传统的审核会计账目、财务报表进行账账、账实等核对，从而提出有效的审计意见。而绩效审计则是在保证投资项目符合各项规定的前提下，既要确保最少的投入和高效的运作，也要实现项目的预期目标，对审计中出现的问题进行及时的整改。

国内大多数绩效审计评价指标体系都涵盖了 6 个方面的主要内容，即投资决定、施工方案、计划、资金、物资和财务的管理。本文参考宋常（2011）的"5E"审计评级指标体系，审计内容较为全面、应用较广，并以此来分别介绍 PPP 项目的审计评价指标体系的数据获取、得分计算以及评价。该评价指标体系涵盖了经济性、效率性、效果性、公平性和环境性等 5 项绩效审计的主要内容（见图 7-1）。

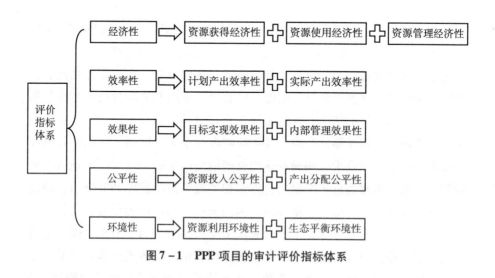

图 7-1 PPP 项目的审计评价指标体系

其中，经济性又涵盖了资源的获得、使用与管理 3 个阶段的经济性。

顾名思义，经济性就是成本支出的节约程度、节约效果。资源获得经济性指的是能否以最小成本获得资源，但同时保证所需资源恰当的种类、质量和数量。资源使用经济性指的是能否以最小的成本完成或实现某一活动或事项。资源管理经济性指的是以最小的总支出对整个资源获得、使用的全过程予以管理（见表7－5）。

表 7－5   经济性的二级指标

一级指标	二级指标
资源获得经济性	审批程序规范率
	单位工程建筑安装造价变化率
	专业技术人员实际到位率
	资金到位率
	营运成本费用
资源使用经济性	设计浪费率
	设计变更率
	造价执行率
	节约资金率
	投资的实际变化率
资源管理经济性	管理费用增加率
	投资的无效率
	损失浪费率
	建筑安装工程费用增减
	设备购置费用增减

注：建筑安装工程指的是采暖、空调、电气、照明、电梯、（水、燃气，通气）管道设备与机械的安装工程。其中，各种设备的购买不能直接产生价值，创造价值的生产性活动如建设和安装工程。

效率性就是指以最低的成本获得最好的效果，也可以理解为投入—产出效率，包括计划产出效率性与实际产出效率性。其中，计划产出效率性强调的是成本最小、投入最少，故主要体现项目投融资计划的成本效益；实际产出效率性强调的是产出最高、回报可靠，要体现实际产出的成本效益（见表7－6）。

表 7 - 6   效率性的二级指标

一级指标	二级指标
计划产出效率性	项目财务净现值
	闲置资金比率
	筹集资金及时率
	支出资金结构合理
	资金支持合法合规
实际产出效率性	工程配套率
	招投标项目实施率
	合同执行率
	资金有效率
	工程进度付款率

效果性主要分为项目外部与内部两个部分。具体而言，又叫作目标实现效果性和内部管理效果性。前者强调的是整个项目对外是否达到预期目标，也就是考察实际效果是否符合预期效果；后者强调的是项目内部管理控制系统是否能够衡量、检测和报告项目的效果性（见表 7 - 7）。

表 7 - 7   效果性的二级指标及其计算

一级指标	二级指标
目标实现效果性	投资回收期
	基建投资绝对效果系数
	建设管理费率
	项目返工返修率
	项目质量优良品率
内部管理效果性	工程管理的科学性
	制度机构的健全性
	管理进度的严谨性
	工程监理的有效性
	设计变更的规范性

公平性涵盖项目投入与产出两个方面，既要强调"入口"的公平性，又要保证"出口"的公平性。具体来说，包括资源投入的公平性和产出分配的公平性。前者强调资源投入的公平性，后者强调产出分配的公平性（见表 7 - 8）。

表 7 - 8 公平性的二级指标及其计算

一级指标	二级指标
资源投入的公平性	筹资合规率
	资金使用合规率
产出分配的公平性	公平系数

环境性同样涵盖项目投入与产出两个方面，既要强调"入口"的环境性，又要保证"出口"的环境性。换言之，"入口"环境性体现在资源利用阶段；"出口"环境性则体现在资源使用后的后续环境影响，包括对污染物的处理（见表 7 - 9）。

表 7 - 9 效果性的二级指标

一级指标	二级指标
资源利用环境性	单位产值能源消耗
	节能方案节约的能量源
生态平衡环境性	污染物排放达标率
	污染源治理达标率
	环境质量指数

数据的收集可使用李克特五级量表，这是目前调查研究中使用最广泛的量表，主要收集指标分值和重要性水平。李克特五级量表主要用于调查问卷的设计与分析，五级分为：（1）强烈反对；（2）不同意；（3）既不同意也不反对；（4）同意；（5）坚决同意。

2. 基于审计服务供应链视角构建指标系统

表 7 – 10 　　　　　　　　　 基于审计服务供应链视角的指标系统

一级指标	二级指标	备注（定性或定量指标）
审计委托方	审计调查充分性	定性
	公众参与度	定性
	审计结果公告频度	定性
	政府满意度	定性
	公众满意度	定性
审计主体	审计跟踪率	定量
	审计底稿完备性	定性
	审计效率	定量
	审计信息化水平	定性
	审计失误率	定量
	审计核减率	定量
	审计证据说服力	定性
	审计意见采纳率	定量
审计客体	建设程序合规性	定性
	运营业务规范性	定性
	财务规范性	定性
	整改执行落实率	定量
	SPV（Special Purpose Vehicle）内部控制水平	定性
	公正性投诉率	定量
审计环境	审计法律健全程度	定性
	行业监督规范性	定性
	审计市场供需状况	定性
	审计职业道德水平	定性
	参建方支持及配合度	定性

　　审计委托方包含的审计调查充分性，是用来测度衡量委托机构是否有足够的监督和调查公众参与度，评价大众参与 PPP 项目审计进程的监测；审计结果公告频度，度量审计机构对公众公布审计成果的频率；政府满意度，衡量政府对审计结果的满意度；公众满意度，评价公众对审计结果的满意度。

　　审计主体注重评估业务流程的规范性和合理性，主要依据量化指标，包括某些定性指标，包括审计的跟进率、稿件完整性、有效性、信息范围、错误率、建议采纳率、审计和审计证据的减少率 8 个二级指标。审计的后续率，等于已完成的审计内容数量除以审计内容总数，用于反映对审计实体审计活动的后续审计情况；审计底稿完备性，用于判断审计对象的商业纪录是否完整；审计效率，等于审计投入成本除以审计成果，用于评价审计工作的有效性；审计信息化水平，体现审计主体业务信息化程度的指标；审计失误率，等于发生审计差错的项目除以审计内容的总和，用于度量审计工作中发生差错的可能性；审计核减率，等于呈报决算造价减去审计决算造价的差除以呈报决算造价，反映审计主体业务核减的能力；审计证据说服力，用于对审计对象所收集的审计证据进行评价；审计建议采纳率，等于被政府部门接受的审计建议数量除以总的审计建议数，用于对审计对象提出的审计意见的正确性的度量。

　　对审计客体的评估主要从行为过程和审计对象的结果的角度出发，主要基于定性指标，包括 6 项指标：遵守建设程序、活动操作标准化、财务标准化、执行程度校正、内部控制 SPV 水平和公平投诉率。其中，采用施工规程遵守情况，衡量审核对象对施工行为的遵守程度；经营业务的标准化程度，反应审计客体经验活动的规范化水平；财务标准化，用来评价审计客体的财务会计准则的公开水平程度；整改执行落实率，其等于整改落实情况内容数量除以整改内容合计，用来判断审计客体的整顿更改实施情况；SPV 内部控制水平，用于体现审计客体的内部控制制度是否完整；公正性投诉率，等于产生投诉的审计内容数量除以审计内容总数，反映了审计客体对审计投诉的客观情况。

　　审计环境关注的是审计客体的共用的环境、目的和环境，并侧重于定性指标，包括 5 个指标：审计法的健全性、行业监督的标准化、审计市场的供求关系、审计的职业道德水平以及参与者的支持与合作。其中，审计法的力度用于衡量 PPP 项目审计相关法律法规的完善程度；行业监管规范化用于评估审计活动行业监督标准的行业监督标准水平；审计市场供需状况，市场状况反映了社会审计供给和国家审计需要；审计道德水平用于反映审计师的客观和切实履行其审计职责；参建方支持及配合度用于判定审计客体是否为审计主体提供了一个良好的审计环境。

7.2.2　评价指标体系数值确定

评价指标体系构建完成后，接下来要确定各项指标的具体数值。对于定性指标来说，则是由专家进行评分。关于定量指标，首先，根据计算公式计算具体数值；其次，按照特定的准则，对临界点进行了划分；最后，由专家根据项目的实际情况确定对应的等级。其中，各项指标的具体计算公式如下：

单位工程造价变化率＝[（单位工程竣工决算－单位工程预算造价）/单位工程预算造价]×100%

资金到位率＝实际到位资金金额/计划到位资金×100%

设计浪费率＝图纸设计中不必要的投入/图纸设计总投入×100%

设计变更率＝设计变更费用绝对值之和/设计总投入×100%

合同造价执行率＝工程竣工结算价/工程合同价×100%

实际投资变化率＝{[审定竣工决算－批复概算（或计划投资额）]/批复概算}×100%

建设单位管理费用增加率＝[（审定建设单位管理费用－建设单位管理费用概算数）/建设单位管理费用概算数]×100%

建安工程费用增减率＝（建安工程实际费用－建安工程合同规定费用）/建安工程合同规定费用×100%

设备购置费用增加率＝（设备购置实际费用－设备购置合同规定费用）/设备购置合同规定费用×100%

工程配套率＝建成的单项工程个数/计划配套的单项工程个数×100%

合同执行率＝实际执行合同总额/合同总额×100%

有效资金率＝（批准建设资金总额－挤占、挪用、截留的建设资金总额）/批准建设资金总额×100%

工程进度付款率 = 预付工程款总额/已完成投资总额 ×100%

建设管理费率 = 实际开支管理费/项目总投资 ×100%

项目返工返修率 = 返工返修损失金额/建设项目总投资 ×100%

项目质量优良品率 = 单项工程优良数量/全部单项工程数量 ×100%

环境质量指数 = $\sum$ (项目排除污染环境的有害物质的排放量/国家规定的该有害物质的最大允许排放量)/n

7.2.3 评价结论

根据以上评价指标体系,将各指标对应数值按照相应权重进行计算后,得出最终评分,并对最终结果找对应等级,分析各部分得分和最终得分的结构,对实施价值的分析与国家政策和法规、经济发展计划和地方政策有关,也与国家、地方和行业标准有关。

7.3 重庆市 PPP 投融资审计评价存在的问题

尽管 PPP 投融资项目已经建立起审计评价机制,但在实践中,由于该审计评价机制建成较晚,相关政治、法律法规、经济体制等配套制度不适配,还存在较多亟待解决的问题。

7.3.1 相关法律制度规定不明确、不统一,缺乏法定审计权限

我国《审计法》第二十二条规定,"审计机关对政府投资和以政府投资为主的建设项目的预算执行情况和决算,进行审计监督"。近几年,我国对建设工程的需求日益增长,建设工程的供应方式也在不断地更新。从资金层面来看,PPP 模式下的公共项目已不再是以政府投资为主,而是由社会资本为投资主体,并且投资主体逐渐多元化。但从项目本质来讲,对我们的经济和社会有重大影响的公共工程,将不得不继续由政府监督。然而在新的模式下,国家和地方审计机构能否拥有权利监督管理公共工程,以及它们是否被纳入检查计划,仍然是个问题。

我国《审计法实施条例》第二十条规定："审计法第二十二条所称政府投资和以政府投资为主的建设项目，包括：（1）全部使用预算内投资资金、专项建设基金、政府举借债务筹措的资金等财政资金的；（2）未全部使用财政资金，财政资金占项目总投资的比例超过 50%，或者占项目总投资的比例在 50% 以下，但政府拥有项目建设、运营实际控制权的。"条例为控制财政出资超过项目总投资 50% 的 PPP 项目提供了法律依据，但其他PPP 项目不受这种强制性控制。

2015 年，我国发改委发布的《基础设施和公用事业特许经营管理办法》第四十一条指出，"县级以上审计机关应当依法对特许经营活动进行审计"，然而，该制度不是行政法规，也不是法定管制令，只是一个部级法规。

从审计的实际情况来看，各地在 PPP 模式下的项目审计方法不尽相同。在福建省一个采用 BOT 施工方式的高速公路项目中，工程承办方曾向福建省审计厅咨询，咨询是否会对该项目进行政府审计，对方回应并没有将该项目纳入竣工决算审计，给出的理由是其不在法定审计范围。然而在2014 年 5 月 8 日，江苏省句容市政府发布了《句容市 PPP 融资建设模式管理办法》规定，"市审计局是 PPP 项目审计工作监督的主管机关，对项目进行全过程审计监督"。所以，要使 PPP 项目的审计工作能够顺利进行，必须通过健全相关的法律、法规，对 PPP 项目进行制度和法律上的授权，实现了对政府投资项目的全面审计。

7.3.2　PPP 绩效审计机制缺失

随着中国政府大力推进 PPP 项目建设，审计机构对 PPP 项目监管的重要性也逐渐显现出来，但 PPP 项目中的审计对象、方式、内容、信息及结果等内容还不明白，因此没有办法实施 PPP 审计。审计机关内部已经开始意识到该问题，但并没有进行系统的研究。

7.3.3　绩效审计导致投资业绩不佳

作为项目"监督者"的绩效审计，是为了保证公共投资的有效性，其目的在于把控成本，同时提升项目的效率、经济性和效益。它在项目执行期间提供有效的建议，其作用不再局限于日常的错误检查与预防。然而在实际工作中，绩效审计只反映在完工结算阶段的业绩评估，未能实现对工程竣工后的评价和改进。若只在 PPP 项目建设初期至竣工交付后 20～30 年后才进行业绩评估，则该工程已完工，很难对其实现业绩评估。究其原因，这主要是由于目前缺乏绩效审计的监测机制，没有相应的制度与指标，所以绩效审计的有效实施是非常困难的。

7.3.4　审计无法确保程序的完整性

当前，我国政府投资项目的审计主要是在施工阶段进行，虽然建议在今后的审计中加快审计介入的时间，但在公共投资项目的运营阶段被纳入审计范围之前，仍不能正式开展。

7.3.5　PPP 项目审计信息化技术运用不足

首先，在计划管理中我国政府审计的信息化建设还没有得到完全体现，由于不能进行动态管理，这就制约了企业的可持续创新。其次，由于政府投资的项目一般都是大项目，而 PPP 则是较为复杂，风险较大，建设周期长且投入资金多的项目。当前，国内对政府投资项目的审计主要是实地审计，主要运用观察、跟踪审计抽样调查、查询、访谈、分析性复核等办法。然而，当前我国的审计技术还不能很好地适应审计工作的要求，在互联网、人工智能、大数据等新技术的应用上还不够完善，信息的共享程度也较低。

7.3.6　审计结果运用于重大问题的整改，对提高项目效益关注较少

要想在绩效审计中达到提高项目绩效的目的，我国目前对审计结果的跟踪问题缺乏清晰的制度支撑，实际运用中的审计结果多集中在解决重大问题上，而不重视项目效益的改善。对这些内容提供重点关注：审计过程

和报告中怎样使用审计结果、改进审计中存在的问题、提高该工程效益以及在效益评价不高的情况下怎样为以后的工程积累经验。

7.3.7　PPP 项目绩效审计报告披露制度不完善

PPP 项目是典型的公众关注、社会关注并且涉及大众利益的重大项目，维护公众的权益和利益是对 PPP 项目进行绩效审计的目的。然而，由于目前的审计体制，审计报告只提供给被审计单位和相关层级的政府，以及上级审计机关，公众无权查阅审计报告，从而导致公众的利益无法得到保障。

7.4　PPP 投融资项目审计评价案例分析

某市老旧小区改造项目采用 PPP 模式，该老旧小区的改造面积达到了 3 867 300 平方米，总投资额达到了 39 600 万元，该项目的改造内容涉及：在改善居住环境、改善基础设施、修缮房屋和维修等公共服务上，在本项目中，两年的重建阶段以及 10 年的运行阶段，合约时长为 12 年。

7.4.1　确定 PPP 项目（老旧小区改造）审计质量评价指标值——基于云模型

1. 确定 PPP 项目审计质量定量评价指标值——以云不确定性推论

首先，通过 PPP 项目审计专家的相关专业经验，构建云模型需要依靠定量评价指标评语集来实现，并且云模型需要结合评价指标自然属性值，定性评语集也由此产生。以老旧小区改造 PPP 项目的审计建议采纳率为例，审计建议采纳率因子评语集可设置为"低、较低、中、较高、高"5 个层次，通过研究发现该指标自然属性值为 89.24%，而在构建出的云模型中，与之对应的模型特征值分别为：（0.55，0.1/6，0.1），（0.65，0.1/6，0.1），（0.75，0.1/6，0.1），（0.85，0.1/6，0.1），（0.95，0.1/6，0.1），如上所述，其他定量评价指标因子的评语集以及云模型层次的划分方式与之类似。

其次，要建立量化评估的指标分数云模型，并对其不确定性作出合理的推断。本节以 PPP 项目（老旧小区改造）的审计建议采纳率指标为实例，将评价指标的质量评价集合划分为（低、较低、中等、较高、高）共 5 个层次，不同层次在百分制数域相对应的云模型特征值依次为：（10，10/6，0.02），（30，10/6，0.02），（50，10/6，0.02），（70，10/6，0.02），（90，10/6，0.02）。通过对运用云的不确定性推理，可以将定性评价中的因子水平量化为百分制，并给出了相应的推理规则。

If 审计建议采纳率"低"Then 分值"低"

If 审计建议采纳率"较低"Then 分值"较低"

If 审计建议采纳率"中等"Then 分值"中等"

If 审计建议采纳率"较高"Then 分值"较高"

If 审计建议采纳率"高"Then 分值"高"

利用单条件单规则云产生器的相关算法，以及基于云模型的相关原理和不确定的推理法则，可以确定该 PPP 项目的各个量化指标，见表 7 - 11。

表 7 - 11   PPP 项目（老旧小区改造）审计质量评价指标值及权重

指标	b11	b12	b13	b14	b15	b21	b22	b23	b24	b25	b26	b27
指标值	87.73	84.8	76.43	63.45	67.54	38.9	83.46	64.68	39.73	64.52	41.46	63.27
权重	0.054	0.035	0.051	0.052	0.046	0.035	0.031	0.034	0.033	0.036	0.029	0.037
指标	b28	b31	b32	b33	b34	b35	b36	b41	b42	b43	b44	b45
指标值	78.48	68.17	71.54	66.73	56.33	90.74	61.43	39.09	49.78	53.79	61.24	64.54
权重	0.037	0.043	0.047	0.05	0.042	0.035	0.035	0.052	0.048	0.036	0.051	0.042

2. 确定 PPP 项目审计质量管理定性评价指标值——正逆向云模型

需要运用定性评语对效益型和成本型指标的评语集进行分别设定，设定标准通常依据该领域专家的知识经验，详细评价标准如表 7 - 12 所示。案例通过利用正向和逆向云发生器，采用 15 名专家的评级数据作为样本，包括行业专家学者、政府审计师、经验丰富的 PPP 项目经理等，完成交互转换定量和定性两种评估指标。案例项目以"审计底稿完备性"指标为例，得到的云模型特征值（83.46，0.83，0.07）是通过各位专家进行 3 轮评分获得，评分具体过程见表 7 – 13。定性指标的评价值为期望（Ex = 83.46）。三轮正态云图见图 7 – 2 ~ 图 7 ~ 4。

表 7 – 12   评分标准

项目	0 ~ 20	21 ~ 40	41 ~ 60	61 ~ 80	81 ~ 100
效益型	低	较低	中等	较高	高
成本型	高	较高	中等	较低	低

表 7 – 13   专家 3 轮评分过程

1	图 7 – 2，由于各专家对审计底稿的完整性缺乏了解，导致评分的分布比较分散，熵值和超熵都比较大，云滴的凝集程度较低，总体云图呈现雾状
2	图 7 – 3，统计第一轮的专家打分，然后将打分的结果上报给其他专家，然后进行第二轮的打分。这时，熵值和超熵值都会慢慢降低，云滴的聚集度也会增加，整个云图也会朝着正常的正态云聚集
3	图 7 – 4，与前面两轮相比，这一轮的专家打分更加一致，熵值和超熵值都有所下降，云图的凝聚度得到了进一步的加强，说明评估指标的标准常态云图正在逐渐成形

注：重复 3 个步骤即得出该案例 PPP 项目各项定性评价指标值。

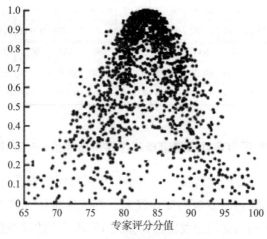

图 7 – 2　首轮正态云图

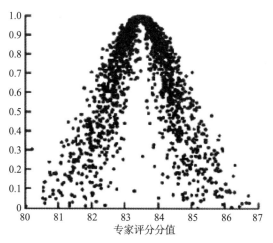

图 7 - 3　第二轮正态云图

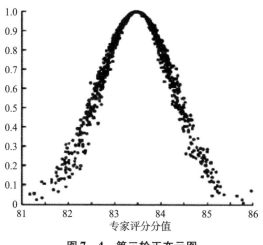

图 7 - 4　第三轮正态云图

7.4.2　确定 PPP 项目（老旧小区改造）评价指标权重——基于 OWA 算子

（1）决策数据集结。以一级指标审计委托方、审计主体、审计客体和审计环境的权重确定为例，首先邀请 PPP 项目审计领域的专家针对指标 B_1 进行权重评分，并将专家评分决策值按从大到小排序，得集结数列 $b_k =$

（4.5，4.4，4.3，4.3，4.0，4.0）。

（2）加权向量计算。因专家个数 $n = 6$，计算加权向量 m_k；$m_k =$（0.03125，0.15625，0.3125，0.3125，0.15625，0.03125）。

（3）绝对权重计算。确定指标 B_1 的绝对权重值；$n_1 = \sum_{k=1}^{n} m_k b_k = 4.266$，同理可得；$n_2 = 4.875$，$n_3 = 4.672$，$n_4 = 4.106$。

（4）指标权重计算。将一级指标的权重向量进行归一化，得一级指标权重向量；$w_0 = $（0.238，0.272，0.261，0.229）。按照以上方法，得出 PPP 项目的审计质量二级指标的权重，从而得出 PPP 项目审计质量评估中各个指标的权重。

7.4.3 评价 PPP 项目（老旧小区改造）审计质量——基于物元模型

1. 确定 PPP 项目审计质量评价的经典域、节域

结合可拓集理论，将该老旧小区改造 PPP 项目审计质量评价问题概述如下：设 $P = \{$低→较低→中等→较高→高$\}$，将 PPP 项目审计质量水平划分为 5 个等级，分别为 $N_{o1} = \{$低$\}$，$N_{o2} = \{$较低$\}$，$N_{o3} = \{$中等$\}$，$N_{o4} = \{$较高$\}$，$N_{o5} = \{$高$\}$，N_{o1}，N_{o2}，N_{o3}，N_{o4}，N_{o5}，对于 $\forall_p \subset P$，确定 p 是否属于 N_{o1}，N_{o2}，N_{o3}，N_{o4} 或 N_{o5}，进而计算隶属度，即确定该问题的评价等级。PPP 项目审计质量评价需确定各指标的评价等级标准，在全面调查 PPP 项目审计质量现状的基础上，结合云模型在评价指标值确定方面的独特性，将经典域和节域表示为 $\{$低$\} = [0，20]$，$\{$较低$\} = (20，40]$，$\{$中等$\} = (40，60]$，$\{$较高$\} = (60，80]$，$\{$高$\} = (80，100]$，节域为 $[0，100]$。

2. 确定 PPP 项目审计质量待评物元

针对老旧小区改造 PPP 项目实际审计现状，利用云不确定性推理及正逆向云发生器确定 PPP 项目审计质量各指标评价值，并将其作为老旧小区改造 PPP 项目审计质量待评物元的指标值 γ_{ij}。

3. 计算 PPP 项目各评价指标关联度

根据式（7）~式（9）分别确定各指标关于不同评价等级的关联度，以"整改执行到位率"为例，将其具体数据代入模型，可得该指标关于不同等级的关联度，分别为 $k_1(b_{34}) = -0.044$，$k_2(b_{34}) = -0.042$，$k_3(b_{34}) = -0.038$，$k_4(b_{34}) = -0.027$，$k_5(b_{34}) = 0.023$。重复上述步骤，依次确定其他指标关于各评价等级的关联度。在此基础上，结合 PPP 项目审计质量评价二级指标权重值，根据式（10）计算老旧小区改造 PPP 项目审计质量评价的综合关联度值，见表 7-14。

表 7-14 　　　　　　PPP 项目审计质量评价指标关联度输出表

指标	权重	关联度	No_1	No_2	No_3	No_4	No_5	质量高低
B1	0.238	$kj(B1)$	-0.166	-0.141	-0.093	0.006	-0.009	较高
B2	0.272	$kj(B2)$	-0.043	0.007	-0.019	-0.049	-0.024	较低
B3	0.261	$kj(B3)$	-0.025	0.003	-0.012	0.024	-0.052	较高
B4	0.229	$kj(B4)$	-0.1	-0.049	0.027	-0.018	-0.087	中等
B	1	$kj(B)$	-0.334	-0.181	-0.098	-0.036	-0.172	较高

4. 确定 PPP 项目审计质量评价等级

根据式（10）计算得，$k_1(B) = -0.334$，$k_2(B) = -0.181$，$k_3(B) = -0.098$，$k_4(B) = -0.036$，$k_1(B) = -0.172$，由最大隶属度原则得 $\max_j K(B) = -0.036$，认为 PPP 项目在老旧校区改造工程中的审计质量是高的。

5. 案例 PPP 项目审计质量评价效果分析

通过对案例项目的质量评估可以看出，老旧小区改造 PPP 项目的审计质量的高低。在这里面，评价结果都位于较高区域的是审计委托方和审计客体，分别位于评价结果较低和中等区域的是审计主体与审计环境。审计主体评价指标中，其二级指标中的审计跟踪率和审计信息化水平都位于一个较低的区域；从审计环境评价指标的结果来看，我国的审计法治建设水平不高，审计法律仍有待完善。为有效提高 PPP 项目审计质量，基于上述的指标评价结果，必须针对工程审计中存在的问题，提出相应的对策，以提高 PPP 项目审计工作的质量和水平。

（1）提高审计跟踪率。在此案例 PPP 项目中，进行了阶段性跟踪审计，其审计方式很难适应某些交易环节的需求。由于 PPP 项目的交易结构比较复杂，且对项目的阶段性审计的跟踪率不能很好地反映出来，所以，在未来的 PPP 项目审计中，要引导社会审计主体选择项目立项的决策阶段作为审计的切入点，并逐步向项目的整个流程进行跟踪，使项目的整个生命周期都能得到实时的审计，从而提高审计的追踪效果。

（2）加强审计工作的信息化。由于 PPP 项目有大量的参与者，审计的范围很广，因此在审计中会产生非常多的审计资料。但是，由于项目涉及的人员众多，系统的复杂性，使得审计数据不能多方进行共享，从而使审计工作的信息化程度很难得到有效的提升。所以，在未来的 PPP 项目审计中，可以建立一个由政府审计机构主导的 PPP 云审计平台，将多方社会审计主体整合其中，在解决传统审计制度存在的弊端的前提下，减少了信息费用，提高了审计信息化的水平。

（3）加强审计法治建设。我国 PPP 项目模式起步较晚，发展仍不成熟，PPP 项目的审计法规还不够健全，因此在实施 PPP 项目的审计中，存在着诸多不确定因素。因此，各部委应重点审查和完善有关 PPP 审计的法律法规，与社会各方面的审计机构一道，携手打造良好的审计交流环境，以保证今后的 PPP 项目审计工作要有法律，要有规矩。

第 8 章

国内外 PPP 投融资模式审计借鉴

他山之石，可以攻玉。为更深入了解 PPP 投融资模式审计，可以参考借鉴市外甚至境外 PPP 项目审计的经验，本章介绍国内外 PPP 投融资模式审计的典型案例。

8.1 国外 PPP 投融资模式的审计经验

PPP 模式在国外已实践多年，有些国家甚至达到了一个相对成熟稳定的状态，如英国、加拿大和澳大利亚已经积累了许多成功的经验，都是国际公认的 PPP 运用得最好的国家之一，它们都能利用 PPP 模式的优势撬动市场和企业的专业能力，提高整个社会基础设施和公共服务水平。反观该模式在我国的应用尚处在起步阶段，经验相对匮乏。因此，通过分析其他国家运用 PPP 模式时的实践经验，来为我国实施 PPP 模式提供适当的借鉴是十分必要的。

8.1.1 国外 PPP 项目的经验

作为 PPP 模式的起源地和主流市场的英国等西方国家，其拥有健全的法制环境和成熟的市场经济条件。根据 2012 年度英国 "PPP 快讯国际"（PPP Bulletin International）和 "合作伙伴快讯"（Partnerships Bulletin）的研究，世界上最活跃的 5 个 PPP 市场分别为：加拿大、英国、比荷卢联盟、法国、美国。如在法国，里昂水务和威望迪两家 PPP 模式的经营者承担着全国 62% 的供水、36% 的污水处理、75% 的市中心供热、60% 的垃圾处理、55% 的电缆运营以及 36% 的垃圾收集。综合各国的实践经验来看，在 PPP 模式下项目的成功运行是多种因素共同作用的结果，各因素之间相辅相成，缺一不可。主要包括健全的法律法规、完善的机构监督监管机制、政府的适当支撑与支持作用、合理的风险分担机制等。

1. 法律条例的健全

英国尽管没有专门的 PPP 法律，但也有一些常规的法规，如《公用事业单位合同法》《公共合同法》《政府采购法》。相关部门也专门制定了一些具体的规范性文件，如：《PFI/PPP 采购和合同管理指引》《绿皮书：政策评审、项目规划与评估论证手册》《大项目评估办法》《关于公私协作的新指引：公共部门参股 PF2 项目的条款磋商》《资金的价值评价方法》《PFI/PPP 金融指引》来对项目中的各个问题逐一进行指导[39]。英国财政部于 1999 年 7 月发布《标准化 PFI 合同》的第一版，其目的是为降低谈判时间和费用，并保证相似项目的价格和条款相同。界定了公营企业和私人企业的风险分摊的关键合约条款、标准模式和原则，以确保政府采购到高质量的服务，从而实现资本增值。《标准化 PF2 合同》于 2012 年 12 月发布，通过引入格式支付机制、标准化服务产品模型和 PPP 股东协议等，对合同的内容进行了细化。许多国家，包括法国、英国、葡萄牙和希腊，亚洲的日、韩，以及南美洲的巴西和阿根廷，都有针对 PPP 或 PFI 模式的独特立法。由此可见，完善的法律体系是更好应用 PPP 模式的必要保证。表 8 - 1 为部分市场经济发达国家的 PPP 审计依据及审计范围。

表 8 - 1　　　部分市场经济发达国家的 PPP 审计依据及审计范围

国家	审计法律依据	审计范围
日本	《日本国宪法》《审计院法》	（1）政府或国营企业担保贷款本金与利息的收取与支付的账目； （2）政府投入一部分资金的账目； （3）政府出资超过 1/2 的法人账目； （4）政府或国营企业出资的单位重新投资账目； （5）政府或国有企业直接或间接提供补助金、奖金、津贴等或金融支持，如贷款、损失补偿

国家	审计法律依据	审计范围
俄罗斯	《俄罗斯联邦审计法》《俄罗斯联邦预算法》	公路建设（铁路、机场、公路）与能源建设等由政府出资或扶持的项目
德国	《联邦审计院法》《德意志联邦共和国基本法》	与国家安全有关的装备、基础设施建设、海外发展援助等项目，航空安全、高速公路、机场建设和水路建设等国家基础设施

2. 专门的管理机构与监督机制

在 PPP 模式下，多数企业通过项目特许经营来进行结构融资，这就要求相关人员具备全面的法律、金融、财务等多个领域的综合素质。由此，更对相应管理机构提出了要求。PPP 项目的审计在西方审计机构中有以下两个方面需要重点注意：首先，保护和落实好政府和社会公众的利益，以及政府在工程建设中面对的重大风险，从确定合作目标、选择合作方式等各个环节着手，以及选择合适的审计方法与工具，针对不同时期的特点做好相应的风险管理。其次，工程效益的问题，西方审计机构注重的是效益、经济和效率。所以在 PPP 项目中，审计目标和方法也是从 3E 效益的实现出发设计的。

在英国，所有公共行政部门的 PPP 管理均由财政部基础设施局（IUK）在国家层面监督。地方政府是一个地方合作组织，不受财政部的影响。为了管理 PF2 项目的实施，IUK 在 2010 年之后整合了 PPP 工作组和地方合作伙伴的活动。加拿大存在国家 PPP 中心和地方 PPP 单位。PPP 中心是一个联邦拥有和经营的官方单位。其任务是审查和推荐联邦 PPP 项目，推广 PPP 模式，制定 PPP 管理政策并提供技术援助。澳大利亚也有特殊的行政机关，比如该国家的基建管理部门，负责全国 PPP 项目的管理和审批，并公布重要的基建项目的执行方案；地方各级政府下设 PPP 项目指导委员会、特定的政策制订与执行机构，对本地 PPP 项目的政策制度和执行负责。另外，一套严密的财政和业绩审核机制是澳大利亚特别设立的。各州政府的审计部门将结果向州议会汇报，其依据在于从绩效目标、成本效益与公共利益的达成情况以及法律法规的遵守各方面对每个 PPP 项目评估，从而得出结果。与此同时，国家制定了专门的 PPP 项目会计处理办法，其运行状况可以清楚地反映在国家的收支平衡表上。因此，可以看出专业化管理机构与监督机制对 PPP 项目的成功实施起着至关重要的作用。

3. 政府的支持作用

在 PPP 模式下，政府是为项目运作提供政治和法律环境的一方。如今，从世界范围来看，各国依靠设立全国性的 PPP 基金等方式来为 PPP 项目提供资金，如加拿大、菲律宾、印度等。在为项目提供资金方面，加拿大通过建立全国性的 PPP 基金，以帮助 PPP 项目获得更多资金。该基金的总规模为 24 亿美元，到 2013 年为止，它已经为 15 个 PPP 项目投入了 8 亿美元，从而拉动了 33 亿多美元的社会资本。地方政府可以申请赠款，以帮助在其社区建设 PPP 项目。此外，加拿大也为 PPP 项目设立了债券融资市场，为其提供了一个债务融资平台。因此，公共部门的支持非常重要。另外，公共部门在做出承诺时必须谨慎，并且要信守自己做出的承诺。典型的 PPP 项目反向案例——英国法扎克利和布里真德监狱。英国政府曾许诺，如果私营企业无法购买商业保险，那么，就由政府来承担。但是，由于工程在运作过程中遇到了囚犯的骚乱，商业保险公司不愿意继续为这个工程续保，而政府又出尔反尔，使私人公司无力负担巨额的经营费用，最后只能中止。所以，政府应对 PPP 项目表示支持的态度，并为其提供可靠的政治保障。

4. 风险的合理分配和管理

投资金额大、存在诸多不确定因素且投资周期长是 PPP 项目的特点。不管是政府还是私营企业，都面临着巨大的风险。为了确保 PPP 项目顺利进行，政府和私营企业之间的风险分摊是非常必要的。

香港迪士尼乐园是一个积极的范例，可以有效地分担风险。土地征用及初期基建由香港特区政府负责，园区的建设和经营由华特迪士尼公司负责。"风险可控者承担"的理念，在该范例中得到了完美的展现，既保证了项目的按时完工，又保证了项目的正常运行。

澳大利亚在风险的合理分配和管理中也起到了正面示范的作用，在

PPP 项目中，政府采取了风险监测的全过程，包括前期、中期与后期的风险监测。在项目的前期，政府和私营企业全面认识到项目风险，这是因为他们持续提高风险透明度，信息的相互沟通。项目中期，交易双方按照各自的能力进行合理的分配和承担相应的风险。项目后期，若发生风险事件，政府需要为私营企业提供贷款，包括提供担保，充当"最终贷款者"帮助私营企业走出危机。

在加拿大，PPP 项目从设计、施工、运行、维修等各个环节都是由私营企业来完成，可以最大限度地减少不同的投资商之间的矛盾。而付款期则是贯穿工程的全过程，在工程完工之前，政府不负责付款。私营企业在政府对其所提供的服务进行验收后，如果满足了合约所规定的条件，则政府方可支付款项。由此可见，在参与方之间合理、公平地分担风险是 PPP 项目成功运营的基础。

8.1.2 对我国 PPP 投融资模式的启示

近年来，PPP 投融资模式成为我国经济社会发展的重要力量，有效地减缓了政府的经济压力、防范和化解地方政府债务风险以及增加公共建设项目服务供给能力；PPP 模式已经成为促进我国经济社会发展的重要推进剂，是当前各级政府大力推行并落实的重要工作。截至 2020 年 9 月末，PPP 入库项目达到 10 471 个，投资总额高达 12.46 万亿元，进入执行阶段的项目有 946 个，总投资达到 1.56 万亿元，落地率达到 26%。面对这一新型的投融资模式，在基建项目中国有资产的比例会越来越小，而民间资本的参与会越来越多，这对政府投资项目建设管理和审计产生重要影响并带来巨人挑战。李克强总理曾在审计署考察座谈时表示："审计监督是国家监督体系的重要部分，管好国家大家业，审计监督一定要跟上。"完善 PPP 跟踪审计任务，加强 PPP 投融资项目审计，有利于提高资金的使用效率，完善政府投资项目管理，具有极其重要的意义。

目前，我国 PPP 模式在多方面都尚不完善，政府并没有起到监督管理的作用，没有对绩效责任和项目绩效作出正确的评价；与此同时，PPP 项目反而成为社会组织赚取利润的工具，并不能为社会工作提高公共产品和服务的供给。在这种背景下，我国的审计机构若要在推进国家治理中发挥

更大的作用，需根据国外案例经验，取其精华去其糟粕。应从下面的方向
考虑：

1. 法律政策的设立

我国现行的 PPP 项目管理办法是通过部委下发的"通知"来制定政
策，在许多项目的细节设置上仍存在极大的欠缺，使其法律效力不强。同
时，PPP 模式的特点要求对招投标、税收优惠、风险分担等问题进行相应
的规范，使 PPP 法律与现行的法律法规有一定的矛盾。目前为了保障 PPP
项目的利益，尤其是大众权益，急需立法保障。

到目前为止，世界许多国家有着专门针对 PPP 项目而设立的法律。但
是，中国除了地方性法规外，针对 PPP 模式的行政法规只有 3 项，并没有
制定相应的法规。而部分规章是由国务院有关部门在其辖区内制定的，仅
限于某一产业，不全面且不具有系统性；同时，一些法律法规对自己的管
理要求过分强调，造成不同行业的法律法规之间的相互矛盾，难以进行有
效的协调。因此鉴于 PPP 模式的广泛性，我国必须在全国范围内加强对
PPP 的立法，以促进其迅速发展，增强社会资本的参与度和积极性。例如，
目前正在制定的关于特许经营的法律，应当明确 PPP 的方面：利益冲突的
解决，程序管理，风险分摊，批准的权力，合约架构，适用范围以及退出
机制。除此以外，多国制定了具体的指导方针以应对争议问题。在英国，
《PFI 合同规范化第 4 版》于 2007 年提出了双方协商解决、专家咨询和司
法裁决三个阶段的争议处理方案，官方指出，最终的解决办法是通过司法
途径。我国目前存在的问题主要有：一是建立和健全纠纷解决机制，二是
要合理地处理纠纷，在《仲裁法》中对 PPP 纠纷的具体内容作出专业的司
法诠释。

同时，国家还应当建立有关项目评价的法律法规，综合评价项目方面
的质量与数量等。目前我国对 PPP 项目评价的法律法规还存在着大量的空
白，尚无可供选择和借鉴的地方。在国内，由于对 PPP 模式的预期运用缺
乏专业的把握，使得 PPP 模式的选择不明确，致使许多 PPP 项目没有取得
成功。

2. 健全监督监管机制

在一些比较成熟的国家，建立一个专业的 PPP 项目管理机构是一种普遍的做法。加拿大建立了 PPP 中心，澳大利亚、英国已建立全国基建管理局。促进 PPP 模式发展的一个重要依据是国家和地方各级 PPP 管理部门扮演好自己的角色，在项目的推广、监管、策划等方面起到促进作用。

目前，我国的 PPP 项目管理机构主要为财政部和国家发展改革委，财政部已经组建了一个与 PPP 项目相关的政府与社会资本合作机构，并制定了《操作手册》。2014 年 11 月，国家发改委还颁布了《政府和社会资本合作项目通用合同指南》，它担负着 PPP 模式的推广与监管功能，但这样的制度很容易导致管理内容的不统一和多样性。对于监督管理，其存在两大环节的内容，包含招投标与经营，前者重点在于限制市场的进入。在招投标过程中，结合英国的情况，对投标人的初步选择、确定和投标书的最终确定进行了全面的审查；同时，还从财务、专业、资质、关系管理等多角度，对投标人进行严格的甄别。而目前，在定价、评估产品和服务质量的要求、对犯罪行为的法律调查和处罚方面，中国提出了适用的监管技术和程序。然而，现阶段 PPP 模式的应用依旧有较多的难题，如过于宽泛的规则导致功能不完善，监管机构不够完善，监管过程描述不清晰，缺乏国家监管政策，PPP 项目的突发情况考虑不周全。

再者，PPP 项目中的大部分都是与市民生活息息相关的公共工程，如果没有公众的监督，合同签订方很有可能会违反合同条款，这就造成了工程的内部执行和管理上的不确定性。针对上述潜在问题，澳大利亚还建立了一个专门的交流机制，高速公路工程在推行 PPP 模式的同时，也通过公众投票、公众听证会等手段，可以随时倾听公众的意见。因此，我国可以结合具体国情采用此种方式来监督项目的完成情况。我国也可单独设立全国 PPP 协调中心以避免多部门间协调管理上的冲突。

3. 必要的政府支持

从国际经验来看，政府在 PPP 项目中一直扮演着十分重要的角色。如果地方政府无法为项目提供资金、人才、技术等方面的资源，则政府应该鼓励和支持私营部门的介入，以便提高服务的质量和水平，加速项目的实施。除此之外，要从地方层面入手，建立健全引导投资、保障投资回报、配套金融支持等方面的配套措施，以促进民营资本投资。

另外，政府也可就项目融资提供一些支持。融资的方式多元与便捷是PPP项目成功的关键。可以通过多种途径来拓展PPP的融资，比如亚洲开发银行和国家开发银行的政策性信贷、发行市政和项目债券、引入有利于长期稳定回报的养老、社会保障等基金。政府PPP资金的运用，主要是以股权投资的形式，将社会资金投入到PPP项目中来，解决了PPP项目前期的资金问题。此外，在经济成熟、金融氛围深化较好的省份设立地方PPP基金，有助于扩大其融资渠道。

4. 健全合理的风险分摊机制

实践证明，PPP项目能否成功，关键在于一个健全、合理的风险分摊机制。从总体上看，风险分摊原则是基于最大限度的控制、最大限度的风险抵御能力和最低限度的风险管理成本的原则，以界定各方在分摊风险方面的责任。公共部门所面临的主要风险有法律和政治风险以及接管项目实施的风险。而民营企业承担与项目的设计、建设、运营和维护有关的风险。同时，由地震、洪水等自然灾害造成的风险，需要由公共部门和民营企业共同承担。但PPP项目投资大，运营周期长，在后期运营中可能会出现一些运营问题，因此，风险转化方法和增加谈判的透明度可以充分补偿民营企业为实施项目而承担的费用。

从国内PPP项目的现状来看，其存在诸多问题，例如：由于我国大部分的工程建设项目存在着风险分摊机制不完善、效益不高、与国际标准不一致；资金投入过高、杠杆率低；需要股东提供连带保证、难以实现无追索、有限追索；因此，迫切需要建立一个公平有效的风险分摊和风险共享机制，由投资者承担建设和运营的风险，由政府设立的专门机构承担其无法控制的风险。涉及多国共同参与的项目，如互联互通。因存在政策法律等政治风险，并涉及多个国家合作项目，因此民营企业等不愿并且不能承担诸多风险，而政府拥有相应能力承担上述风险，对此应由相关国家政府加以承担；建设风险产生于建设过程中，加之承包商拥有能力控制风险，降低风险，对此应由承包商来加以承担，以此来实现效率与效能最大化。

8.2 我国其他省市 PPP 投融资模式的审计经验

总体来说，本地 PPP 项目的需求持续增加。截至 2020 年 9 月底，10 471 个项目全部入库，投资总额 12.46 万亿元，其中 946 个项目进入实施阶段，投资总额 1.56 万亿元，与 2020 年 6 月底相比，落地率达到 26%。目前，数据库中的项目数量正在加速增加，落地率也在持续增长。

根据对 PPP 项目的入库统计，无论是地区还是行业，项目都高度集中。其中贵州、山东（含青岛）、新疆、四川和内蒙古这 5 个地区的项目数量占数据库项目的近一半；市政建设、交通和土地开发三大类，占数据库项目的一半以上。在项目返还机制上，由政府支付的和可获得的缺口补助的比例较 6 月底上升了 3%，从 6 月底的比例来看，这一比例较 3 月底有所上升，可以看出，需要政府支付和政府补贴的项目比例正在不断增加。

自 2014 年以来，累计入库项目 10 034 个，投资额 15.5 万亿元，累计签约落地项目 7 159 个，投资额 11.6 万亿元，落地率 71.3%，累计开工建设项目 4 308 个，投资额 6.7 万亿元，开工率 60.2%。

8.2.1 其他城市 PPP 投融资模式推进和审计经验分析

根据各省市对 PPP 的支持力度来看，江苏省、陕西省、浙江省、山西省、山东省、天津市等省市都有较好的 PPP 投融资经验可供借鉴学习。

1. 江苏省

该省的 PPP 项目涵盖 17 个行业，如住房保障、医疗、教育、交通等方面。截至当前，全省已实施 113 个 PPP 项目，总值 2 198 亿元。在吸取的社会资金中，合作期限平均为 18 年，总计价值 1 762 亿元，并解决了 118 亿元的政府债务。

一是坚持相应部门承担对应风险，努力做到"公开、透明"。徐州市在风险分摊方面主张相应部门承担对应风险的原则。民营企业承担相应商业风险，政府作为公共部门承担政策与法律等风险，两方共同分摊由不可抗力带来的风险。江苏省领导指出要明确边界和职责，建立公正的制度，让社会资本方尤为放心。

二是政府做好服务工作，领投撬开社会资本。江苏省财政厅成立了"江苏省PPP融资担保基金"，该基金的总规模为100亿元，并设立5个子基金，以提高项目信用度和基金效率，从而缓解社会资本融资难的困境；同时，基金的合作伙伴与管理人员是由江苏省财政厅通过公开招标选定的。另外，江苏省财政厅还组织了PPP推介会和网络推介会，通过介绍起步阶段的成功经验，帮助其他地区的项目发展。

2. 陕西省

为加强对PPP模式的政策扶持引导，加快推进其推广与运用工作，陕西省榆林市政府出台了关于推广政府和社会资本合作（PPP）试点扶持政策的意见，明确了"七项扶持政策"。具体见表8-2。

表8-2　　　　陕西省关于推广PPP试点的"七项扶持政策"

财政奖补政策	2017~2019年，鼓励开展示范项目。对列入市级PPP示范项目的，相关财政部门按项目的投资额度和复杂程度给予每个项目30万~100万元的前期费用补助和300万~500万元的项目奖励资金
项目融资政策	拟出资设立榆林市PPP融资支持基金，为榆林市产业发展基金的子基金，基金规模初定为20亿元，出资人为市财政局、经济实力好的部分县区财政局、若干家银行机构、信托、保险资金或其他社会资本
保障社会资本权益政策	对经批准采用PPP模式的试点项目，政府负有支出责任的，市、县区财政部门要把它列入年度财政预算和中长期财政计划，确保经费的支付需求
金融扶持政策	鼓励金融机构或类金融机构按照风险可控、商业可持续原则积极探索适合PPP项目特点的信贷产品和融资服务，鼓励PPP项目运营主体在资本市场通过发行公司债券、企业债券、中期票据、定向票据等市场化方式进行融资
土地扶持组合政策	首先，要求市县两级合理安排PPP项目的用地供应；其次，确保PPP项目建设用地；再次，要有针对性地提供各种形式的土地；最后，实行优惠的地价政策

价格扶持政策	要求市县两级政府健全公共服务定价机制，积极推动公共服务价格的改革，按照补偿成本、公平收益、资源高效利用、优质优价和公平负担的原则，加快推进公共服务价格
政府服务扶持政策	要求加快建立和完善全市 PPP 项目公共服务平台，市财政局要稳步筛选 PPP 项目专业咨询机构，建立市级咨询机构库。同时，定期发布 PPP 有关政策和项目信息，更新项目库

3. 浙江省

为配合落实全国推进运用 PPP 模式改革的重要任务，该省通过健全制度机制、优化发展环境、大力推进工程建设、扎实推动运用 PPP 模式，推进经济社会发展。

一是加速体制建设。浙江省政府于 2015 年初发布了《关于推广运用政府和社会资本合作模式的指导意见》，明确了浙江推进 PPP 项目建设的基础准则和主要工作。浙江省财政厅下发了《关于做好推广运用政府和社会资本合作模式有关工作的通知》，并联合相关部门下发了《关于在公共服务领域推广运用政府和社会资本合作模式的实施意见》，制定了一系列完善的体制机制。

二是建设和健全 PPP 项目库。截至 2016 年 9 月，浙江省（宁波除外）共完成 261 个项目，总投资 3 688 亿元，涉及政府基础设施、能源、旅游、市政、文化、医疗卫生等范围。以新闻发布会与项目推广会议等方式进行 PPP 模式和项目的宣传与推介，以形成共同认识、规范执行。

三是重点扶持政策的优化。积极参与中国政府与企业的联合投资，加大对 PPP 项目的扶持力度，推动项目的实施。

4. 山西省

为响应国家和财政部的号召，山西省财政厅大力推进 PPP 模式的发展和创新，并采取多项措施充分发挥财政资金的支持和推动作用。目前，山西省已有 20 个项目被纳入国家 PPP 综合数据库，总投资约 459 亿元，呈现出纵向深入、广泛发展的良好态势。

一是高度重视，积极鼓励。山西省财政厅作为政府和社会资本合作

（PPP）项目的牵头部门，主动协调全省各部门，形成合力，推动山西省人民政府办公厅印发了《关于加快推进政府和社会资本合作若干政策措施的通知》，其中明确了三个总体要求和八项政策措施，对山西省 PPP 工作的开展提供了政策保障。

二是统筹资金，全力扶持。山西省财政补助示范工程的前期投入与支持存量债务转变成项目：首先对列入国家和省级示范项目和减轻政府债务偿还责任的项目，根据项目总投资的一定比例或当年化解合同债务的规模给予一次性奖励，奖励和补贴资金预计将于 10 月底发放；其次，协调现有专项资金，优先资助 PPP 项目。为此山西省财政厅对基本建设预算制度进行了改革，将原列入省发改委的省级基本建设预算按照"一个部门一本预算"的原则进行分部门单列，这强化了部门责任，调动该部门的积极性，从而增加对纳入省级或国家示范项目的 PPP 项目的支持力度。

三是设立基金，强劲带动。根据财政部的要求，并结合其他省市的做法，制定了支持本省政府和社会资本合作融资的总体规划，计划在 3 年内创建一个基金来支持 PPP 融资，总投资 100 亿元。

四是加强考核，明确目标。为加快推动 PPP 项目工作，山西省拟定了对省内各市 2016 年 PPP 目标责任制的考核内容，通过目标责任制的考核，督促各市加快推进 PPP 项目工作。

五是扩展平台，优化发展。为进一步加快 PPP 制度的推广和实施，帮助各方了解政策，形成合力，山西省正准备成立"山西省 PPP 促进会"，邀请行业内颇有建树的专家进行讲授，培训人数达 800 余人。其目标是建立一个"六合一"的平台：项目信息、政策宣传、咨询服务、行业自律，强化行业自律，推动行业发展，促进山西省 PPP 模式的规范化、科学化、法制化，促进 PPP 模式的良性发展。

5. 山东省

为起到表率与示范作用，形成"推介引领—示范推广—样板复制—全面开花"的新模式，山东省日前面向社会公布了 35 个 PPP 项目，预计总投资 312.62 亿元。目前，山东省共有 69 个省级示范工程，其中全国示范工程 4 个。具体实施经验见表 8-3。

表 8 – 3	关于公开的 35 个 PPP 项目的实施经验
高落地开工，总体进度快	35 个工程已全部通过评估和论证，并已选定合适的社会资金，土地使用率 100%。目前，大部分项目已经完成了公司的工商注册，所有的手续都齐全，投资也很快到位，已经进入了施工阶段，已经有一大半的工程正在进行中，一切都很顺利
完善的交易架构和有效的风险管理	涉及"程序、收益、土地、服务、股权、融资"等多个领域的交易架构。在充分协商、公开招标后，最终选定的社会资金或项目公司均具备良好的行业运营能力、市场前瞻能力、财务控制能力、风险管理能力，拥有完备的管理团队、合理的风险分摊机制以及预计风险总体可控
成熟的回报机制和良好的筹资能力	35 项工程的社会需求持续稳定，费用收取机制较为完善，价格调整机制存在变通空间。其中所涉及的政府开支都已经列入了各级政府的年度预算和中长期计划之中，由用户支付的部分加上政府的补助，可以完全承担所有的费用，从而使社会资本得到比较稳定的资金流动和合理的收入
健全的契约制度和清晰的权责	对项目进行了成本效益评估，论证了财务可行性，制订了全面的实施方案，建立了以项目合同为主、融资协议和其他类型合同为辅的比较完善的合同体系和制衡机制，拟定了一系列科学、合理、全面、可执行的合同文本，为各方提供了"守约"的依据，已经为各方"遵守合同"和维护合同精神打下了基础
业务流程明晰，经营管理规范	35 个项目严格按财政部提出的相应要求与指导原则，严格项目的入库审查、完善过程管理，加强规范程序操作，当地政府都完善工作机制，加强制度建设，保证科技含量和项目实施。整体水平相对较好

6. 天津市

该省自 2015 年起，按照国家有关文件精神和财政部的要求，大力推动 PPP 的投融资方式改革，积极引导社会资本参与公共服务和基础设施建设。具体实施细节见表 8 – 4。

表 8 – 4	天津市推动 PPP 项目投融资的实施经验
政府搭台构筑四大支撑	制度支撑，机制支撑，政策支撑，技术支撑
立足现实，确定重点	天津市财政部、市建委和市发改委共同制定了《天津市市政公用交通领域推广政府和社会资本合作（PPP）模式实施方案》。其中确定了天津市在轨道交通、公路、供热、城市供水、垃圾处理、垃圾管理等领域为推进 PPP 的主要方向

续表

保持实施方案最佳模式	将对项目实施计划进行优化和修订，以实现最佳解决方案，引入"物有所值"的财务评估和"财务承受能力"的论证，利用第三方机构和外部专家，并采用标准操作程序
严格执行标准程序	建立标准化程序，建立标准化的PPP模式框架，规范PPP项目合同的管理。监督PPP项目的整个生命周期，确保PPP项目的采购程序公开、公平和标准化，并对合作伙伴进行有意义的选择。加强合同审查和履约管理，确保合同内容真实反映各方意愿，妥善分配风险，明确界定责任，有效保护权益。重点加强对政府负债的管理、预警和风险管理，建立风险和负债矩阵，合理分配政府和社会资本负债，引入违约条款，确保由最合适的一方承担风险，使专家能够专业行事，有效防范经营和债务风险

8.2.2　对我市 PPP 投融资模式的启示

从 PPP 模式下项目实施的国外经验与我国其他省市的经验与教训中，我们可见要解决 PPP 项目现存的一系列问题，想要实现政府、企业与社会的多赢，必须在我市推广 PPP 项目时重视以下工作。

1. 确定 PPP 项目审计的范围与对象

确定 PPP 项目审计的范围与对象见表 8 – 5、表 8 – 6。

表 8 – 5　　　　　　　　对 PPP 项目审计的相关规定

《中华人民共和国审计法》第 22 条	审计机构对政府投资的、以政府出资的建设项目的执行和决算情况进行审计和监督
《审计法实施条例》第 20 条	《审计法》第 22 条所指的由政府实施和参与的建设项目，包括全部使用财政资金的项目，如预算投资资金、专项建设资金和政府举债筹集的资金；不使用全部财政资金，且财政资金在项目投资中所占比重大于 50%或低于 50%，但政府实际拥有项目建设和有效控制权的

表 8 – 6　　　　　　　国家审计机关对 PPP 项目的审计范围

由政府出资，PPP 项目中民营企业承担一个或多个功能。如仅承担施工或代表政府运营和维护设施，或提供某些公共服务，并以政府支付的方式获得收入	国家审计机关可以审计

续表

特许经营项目要求私营企业投资参与项目的全部或部分,且与政府机构共担风险,共享项目回报	国家审计机关可以根据两个指标决定审计是否可行:不同投资主体的出资比例;政府是否对项目有效控制
私有 PPP 项目要求私营部门独立承担整个工程的投资,并在政府监督下通过收取费用来收回投资并获得收益	国家审计机关无权审计

PPP 项目采用公私合营的方式,表现为诸多参与方共同建造、经营,具体参与主体见表 8 - 7。

表 8 - 7　　　　　　　　PPP 项目的参与主体有各自的利益需求

参与主体	利益需求
投资人	获得投资回报
建设单位	接受投资人的委托以工程管理为目的
承包方(勘察、设计、施工等单位)与监理单位等	以招标的形式获得工程施工和监理资质,以提供服务获取利益
使用单位(客户)	能够满足在项目后阶段的需求和利益,对项目的质量、功能和业绩给予更多的重视

对上述 3 个表格(见表 8 - 5、表 8 - 6、表 8 - 7)的具体分析后,在相关审计机构对 PPP 项目进行审计时,应当综合考虑更多的民营企业,避免审计定位有所偏差,导致审计效率低下。

2. 完善 PPP 项目中相关的审计法律法规

首先,对国家法律法规进行完善。在国家和国际建筑项目投融资体系以及项目管理理论的发展过程中,PPP 模式主要应用于公共服务和基础设施项目。这些项目与国家公民的生活息息相关,如果不进行政府审计,就不能真正体现出审计的定位,为国家治理提供服务。因此,审计机关要抓紧时间修改现有的法律、法规,尽快制定相关的法律,特别是《合同法》,并与相关部门共同制定 PPP 项目的审计管理制度,以确保审计工作中出现的违法乱纪行为。从而提高我国 PPP 项目审计的执行环境,保证审计机构对国家工程项目全程实施有效的审计监督，降低审计风险。改革现行的审计方式，从行政审计到立法审计。由于行政型审计模式缺少独立性，其所属关系实质上决定了审计独立性的4个要素（经济利益、心态、组织地位和研究自由）。另外，立法模式赋予审计机构高地位、独立性和直接性，对国家立法机构负责。如果在我国采用立法审计模式，审计机构只需对人大负责任，那么，审计的独立性就会得到很大的提升。若暂时无法转变为立法模式，可将目前的双重治理体系转变为垂直治理体系进行过渡。

其次，对地方政府法律法规进行完善。当地政府规章需要规定下列方面：第一条，规定所有使用公共资金（包括各种专项资金）的建设项目和参与项目的有关单位的财务情况，均要接受审计机关的审计、监督，并依法进行管理和处罚。第二条，规定在建设项目竣工决算之前，必须由财政和建设主管部门指定的合格的、有能力的中介机构进行审计。审计机关有权对经中介机构审核的项目成本进行随机检查，并对其进行成本调整。第三条，可以授权审计机关按照既定程序对具体的公共投资项目进行审计和核查，或者聘请专业技术人员进行审计，审计机构对审计质量进行监督。

3. PPP 项目审计要重视公共物品与服务效能的提升

PPP 模式的实施是以公共利益最大化为目的的。审计机构应该把 PPP 项目的结果作为审计工作的一个重要目的，即对政府的绩效责任进行评估。如果 PPP 项目不能为公众带来更有效的产品或服务，那么 PPP 项目的最终结果就是失败。实施 PPP 模式并非在任何情况下都是最佳选择。如果一些 PPP 项目过度受其合作伙伴的经济利益驱动，或者由于缺乏有效的经营手段，对公众的利益造成了一定的影响，说明这些项目不适合 PPP 模式。对 PPP 项目进行审计，要加强对 PPP 项目的监管，保护公众权益。

4. 公开、透明、合规是 PPP 项目招投标的关键

PPP 项目可持续发展，关键在于与民营企业建立稳定的伙伴关系。要做到公平、透明、合规，保障竞争充分，才能吸引更多民营企业参与进来。竞争力在招标中受多种因素影响：有的竞标者因为高昂投标成本而感到畏惧；有些项目有相应的技术规范，但由于其自身的技术要求很难达到或者没有很好的盈利机会，因而很难吸引到大量的投标人；另外，在利用

民间筹资宣传的早期，很多政府机构宣传新的工程，对招标人的选定也有一定的选择性，造成部分工程缺乏竞争力。

在招投标过程中，由于种种主、客观因素的存在，会对招投标的过程和结果产生一定的影响，因而必须对招标过程进行改进。通过对澳大利亚审计机关审计工作的实践分析，在我国工程招投标管理工作中，必须遵循下列准则，具体见表 8 - 8。

表 8 - 8   PPP 招标需遵循的准则

(1)	在获取数据方面有灵活的规则，以促进参与投标，这可以减少潜在买家了解交易的成本，并利用评标委员会等机构来提高透明度和问责制
(2)	制度恰当的先后顺序，界定每个评价标准的重要性
(3)	认真考虑向商务咨询公司支付的成本，保证他们在投标过程中不会得到任何经济上的好处
(4)	及早确定政府对今后的服务需要和对商业的补助或付款，以便竞标者能够充分认识到企业的潜能，并据此制定他们的招标方案
(5)	在招标过程中，为了最大限度地从销售中获取经济利益，对投标的净收入作出一个合理的评价

除此以外，PPP 项目通常触及一些重要的公共产品和服务，比如基础设施建设，其资金要求高、时间长、流程繁杂，而且在缺乏适当监督的情况下，极有可能出现腐败、贿赂和投机行为。所以，对其合法性和合规性的审查是必需的。

5. PPP 项目风险科学分布与合同高效管理

公平的风险分担促进了利益共享和公私伙伴关系的发展。审计人员应从国家或公共角度审查 PPP 项目合同，以保护国家和公共利益以及私营部门的合法权益。通过对风险的合理配置，遵循"相应风险与承担能力相匹配"的原则，可以有效地保护双方的利益，从而达到项目预期的效果。

英国审计机构建议，在风险分配、将风险适当地转移到私人部门的问题上，一份好的契约应该对风险的合理分配以及公私两方面都给予足够的重视。

因为 PPP 项目自身的特殊性，在制定和管理合同时，会产生一些潜在的风险，特别是对政府和审计机构。与私营部门投资者签订的管理合同内存在着这些风险。包括：政府为其提供了相应的保证或赔偿，并承担过高风险份额；短期寻求灵活性会导致某些无法预料的代价；未制定适当的协定，对政府来说，会有意想不到的危险；私营部门的供应商的经营出现问题，会影响到项目的最后交付等。

在 PPP 项目中，合同管理的质量直接影响到工程的产出与效果（项目的业绩），并影响到政府的业绩，所以，必须对合同管理的有效性和风险分配进行客观、公正的评估审计。

8.3　国内 PPP 投融资审计优质案例

8.3.1　广州西朗污水处理项目

西朗污水处理厂是广州四大污水处理厂中的一项，它是广东省城市基础建设中的重要项目，目的是保护珠江生态环境和致使珠江污染得到控制与降低。

该项目由中方（政府代表）、美方公司各自出资，分别持有 33% 和 67% 的股份。此外，美方投资公司向中国工商银行广东省分行申请了一笔大约 6.67 亿元的项目担保费用，初步投入达 9.85 亿元。总承包方为 EPC 承包商香港亿辉工程公司，负责对该项目进行设计、采购与施工，银行对贷款的回收进行全面监督，广州市京水水务有限公司通过投标取得了该项目的运行维护。政府支付项目的资金（该工程完工并投入运营），在为期 17 年的商业运营期结束后，公司的全部财产将免费转让给政府或其代理人，并根据合同，中美投资者和运营商将共享该项目的收益。

这个工程开始于 1998 年，2003 年竣工，并于 2007 年正式投入使用。西朗污水工程在 2008 年末已持续 3 年达到了全部达标排放。并荣获 2008 年度"十佳"城市污水处理厂性能评估考核。在建设部最新的特许权合同范本中，该项目被作为模板引入。

工程运用大部分新建成的水厂所采用的 BOT 运营方式。该工程的竣工使用，将对芳村区的所有污水和海珠区的一些污水进行高效的收集、处理，对珠江广州地区的水质进行改善，保障了邻近水厂取水口的水质安全，优化广州的投资环境，改善居民的生活品质，创造积极的社会和环境影响。

1. 发展进程

广州市建设委员会按照 PPP 项目的投融资结构、合同结构的总体布局，结合西朗污水处理厂的实际，对其进行了如下 3 部分交易架构的设计，具体见图 8-1。

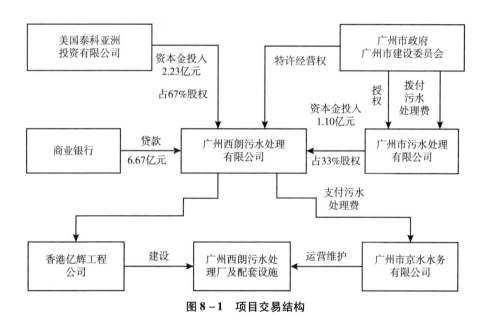

图 8-1 项目交易结构

首先是投资与融资的框架设计，见表 8-9。

表 8-9 　　　　　　　　　　西朗污水处理厂的投融资构架

融资方案	项目融资与政府委托单位和外资按股权比例出资是工程公司初期投入的来源，这些资金大多来源于商业银行的项目担保贷款
投资方案	工程公司取得污水处理厂的特许经营权，并承担西朗污水处理厂、截污干管和 4 座泵站的建设、投入、运行和维护工作
付费方案	政府向工程公司供应废水，由工程公司负责废水的处置，政府认可处理后的废水后向合作公司支付废水处理费

其次是合约的种类与架构，见表 8 – 10。

表 8 – 10   西朗污水处理厂的合约种类

合约种类	签订方
具有特许经营性质的污水处理服务合同	广州市建委代表政府与项目公司签订
股权投资合同	项目公司与投资者签订
项目抵押贷款合同	项目公司与银行签订
总承包商合同（EPC 合同）	项目公司与 EPC 总承包商签订
营运和维护合同（O&M 合同）	项目公司与运营商签订

最后是按主体分类设计的监督架构，见表 8 – 11。

表 8 – 11   西朗污水项目的监管结构设计

监管部门	监管内容
广州市建设委员会	根据污水处理合同，对工程公司进行合同监督
市政局排水处、广州污水处理有限公司	对工程进行情况进行监管
省、市环保局	监督工程建设运营对环境的影响
金融机构	监督贷款人的项目资金使用和偿还进度

在政府部门对合同监督的管理上，自工程开工以来，市政府和工程公司都严格遵守了工程承包合同的规定。广州市建委在工程设计、实施和运行全过程中都实行严格的监督管理。在正式投入使用日起，广州市园林管理局依照合约协议，依据广州市排水监测站每月的监测数据，并按项目公司的月度付款申请，审核其月度污水处理费，经市建委批准后，最终由市财政局从市政维护基金中结算污水处理服务费。广州市市排水监测站受市建委委托对西朗污水处理厂日常水质进行监督，每月汇总，上报市园林、建委等有关部门。并且，由市政排水部门和广州市污水处理有限公司共同监督该项目。

在金融机构的监督管理上，中国工行广东省分行负责监督工程资金的使用和偿还进度。图 8 – 2 给出了特定的管理架构。

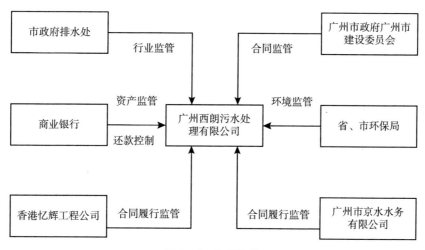

图 8 - 2   监管结构

2. 实施过程

（1）工程融资。

银行作为主要的股权投资者，在融资开始之前，安排专业人员对项目的盈利能力、风险和财务模式进行了详细评估，并与项目公司共同制定融资计划。经过国家计委的审核，于 2001 年 8 月正式通过了西朗项目的融资模式，从而使其成为国内首个以项目融资的方式建成的污水处理厂。项目融资只享有有限的项目追索权，只对其本身的收益和财产进行债务清偿，无第三方作保证。

在对多个银行的融资方案进行投标和筛选之后，工程公司终于选定了工商银行。在后续的工程施工、运行中，银行工作人员对其进行了严格的金融监督，同时，结合工程建设、运行的实际状况，与公司的财务人员共同制订贷款方案，因为最终，银行承担了最大的风险。

（2）工程运作和维修养护。

工程竣工后，工程业主通常会委托具有资质的专业操作者来负责工程的运营。因为这样能够将投资所有者的注意力放在投资收益的管理上，减少业主的人数，并将其作为一个优秀的工程管理团队，将重点放在项目的风险管理、贷款和贷款以及贷款的管理上。并且，将园区的经营委托给专业公司，依靠其专业技术和操作经验，可以极大地减少项目的商业运作风险。

广州市京水水务有限公司是在西朗工程开工之前，就确定担任项目竣工后的专业运行及维修承包商，这是国内少有的案例。项目公司将与运营商签署具体的运营和维修合约，并由运营商作为履约保证，使投资人、融资银行、项目公司能够清楚地预测项目的运营成本和运营风险，并且在建设期内，运营商可以在一定程度上参与项目的建设进程，为以后的运营带来更多的便利。

业主将西朗污水处理厂、截污管、4 座污水泵站作为总承包模式，由承包方负责运营、维护和管理。运营总承包方必须保证污水量达到合同所规定的标准，出水的质量必须满足环境保护和合同规定的水质标准，确保业主能够充分地完成与政府签订的处理污水的相关协议中，履行所有人的职责和义务，从而获得理想的财务效益。业主按合同规定，按月向承包单位支付上一个月的成本。西朗工程的经营与管理机构的结构见图 8 - 3。

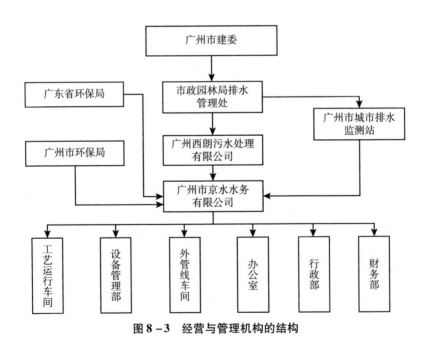

图 8 - 3　经营与管理机构的结构

（3）工程转移。

在工程整体运营结束后，项目公司的全部财产将无偿地转交政府机构或其代理人，其中包括西朗工程运营期间的保密信息、财务数据、技术、设计数据与发明专利。西朗工程的资产转移给政府时，应没有任何的阻碍或负担，如抵押、担保、留置等。在交接之前的两年内，中外企业将就公司的资产转让过程进行磋商；在转让之前的 6 个月内，双方将就该公司的资产的转让和转让方式进行适宜的磋商。所有需要交接的资产都必须在正常运作中，并且不会给政府部门带来任何困扰。政府支付在交接过程中所产生的一切开支，其中包括律师服务费、税费、关税以及因转让服务合同而产生的其他费用。

3. 工程总体评价

（1）雇佣高级顾问企业提供咨询。

对选择 PPP 方式建设城市污水处理厂的地方政府，要在前期充分借鉴国外经验，引进高水准的专业顾问、财务顾问和法律顾问。使用国际招标的方式，可以为即将进行的大规模基建工程寻找一批具有一定实力的外资银行或跨国企业作为其潜在的融资主体。本案例项目期初，政府就聘请广州市国际工程咨询公司为西朗项目提供咨询，为中外双方的协商工作打下了良好的基础。本案例项目的合作外资企业，其母公子是泰科集团，全球五百强企业之一。运用国际招标的方式，保证政府在 BOT 项目中从一开始就占据主动。由于参与项目的企业多为著名的跨国企业，它们的竞争导致了不同程度的减让，并使政府在筹资过程中占据了先机和优势。由于投标导致的市场竞争加剧，使产品价格大幅下降，终端使用者获益，同时也为政府降低了财政压力。

（2）制定详尽、全面的特许经营权合约。

整个 PPP 项目的重点与核心内容是特许经营权合约。在此基础上，明确了投资者与政府之间的权利与义务，并在此基础上明确了各方的责任与义务。西朗工程的特许经营协议是由各个专业团队进行了多年的协商才最终敲定的。该条款在合同中对专用术语的诠释十分精确，避免了由于概念模糊而产生的误会。该协议对双方权利义务、水量计量、水质监测、服务费计算、合同变更、争议解决等方面进行了详尽的说明，并为今后的一系列工程建设、运行提供了参考。其中的许多内容已被建设部纳入了最近的一份特许经营协议的范例。

（3）工程筹资方法新颖。

首先，期初计划获得海外筹资，但由于国内资本市场的变动，转而向国内筹资，从而规避了外债的风险，并大幅降低融资费用。其次，融资银行是通过公开招标程序选择的。在选择融资银行时，可以选择有背景实力、条件优越、服务周到、具有良好的工程风险管理经验的银行。中国工商银行广东省分行通过综合评审，最终与工程公司签署了 6.67 亿元的融资协议。最后，融资方式主要有中长期人民币贷款、中长期美元贷款、流动资金贷款等，短期和长期相结合，以本国货币和外币为基础，既能减少金融成本，又能降低外汇汇率的危机（该案例项目无外汇收入）。

（4）EPC 总承包执行工程施工。

目前，我国绝大多数城市污水处理 PPP 项目的投资方都没有足够的实力进行大规模的市政工程建设，所以在 PPP 项目中实施 EPC 总承包是一种非常好的做法。EPC 合同要求承包商全面负责整个项目的设计，并对项目进行全面的管理，因此，投资人不必过多干涉承包商的工作。如果要求所做的工作与"在合同中所期望的项目目标一致"，则视为承包人已执行了其在合同中的责任。从西朗的案例得出，在选择承包商时，应该重点关注承包商以往的表现，检查审核招标中的技术文件和质量管理系统。在设计初期，还要特别重视设计文件的审查，要按国家的初步设计、施工图纸的评审流程，上报有关部门，根据评审的建议，对其进行改进，这是保证项目质量的关键。在项目执行期间，投资人可以雇用有工程项目管理经验的团队，对 EPC 总承包商负责的项目的质量、安全、进展等进行管控。并且，根据国家有关施工流程，通过公开招标，由具有相应资质和经验的监理机构对项目进行全过程的监督，以保证项目的最终完工并投入使用。

（5）实行经营管理总承包。

在当前的城市污水 PPP 项目中，将污水处理厂的运营委托给具有职业资格的工程承包企业，是很好的风险转移分摊的方式。

污水处理厂的运行风险，是指在日常运行中，由于自身的某些因素，导致废水的处理能力达不到要求，会受到环境保护部门的处罚，乃至停止生产。因为大部分投资人仅是资本持有人，没有专门的废水治理技术与经验。与其自己操作冒险，投资人还不如把全部业务外包给专门的废水处理公司。通过招标，可以有效地减少运营费用，节约人力资源，并将运营风险转移到分包商身上。

8.3.2 北京地铁 4 号线 PPP 项目

从所有权和经营权的关系上看，早前北京轨道交通的运行方式是"国有国营"的典型。这是一种传统的管理方式，即政府对轨道交通进行投资、建设，并将其产权归属于政府，并将其经营管理交给政府或国企。该模式缺乏竞争条件，运营资金全部依赖于财政拨款，采取该经营方式的城市地铁几乎全部处于亏损状态，北京地铁也不例外，因此必须寻找一种新的融资模式来打破公共交通运营困境。

1. 项目基本情况

北京地铁 4 号线作为中国城市轨道交通领域的第一个 PPP 项目，由北京市基础设施投资有限公司执行。2011 年，根据国家发改委和北京市发改委要求，北京金准咨询有限责任公司、天津理工大学联合组建了一个专题评估小组，对该项目的实施情况进行了评估。评估结果显示，北京轨道交通 4 号线符合我国的投资体制改革要求，在我国城市轨道交通建设中，率先进行了以市场为导向的 PPP 融资方式的探索与应用。北京市政府在那时候的投资压力得到了有效的减轻，使北京市轨道交通产业的投资和经营主体多元化，并在一定程度上形成了一种相互激励的模式，从而推动了技术进步、管理水平和服务水平的提高。

2. 运营方式

4 号线建设由 A 段和 B 段组成，两部分相互独立。A 段是土建工程，包括隧道、车站等，投资总额为 107 亿元，相当于总投资的 70%，由北京京投公司控股的全资子公司负责；B 段是设备部分，包括车辆和信号等，投资总额约为 46 亿元，相当于总投资的 30%，由 PPP 项目公司北京京港地铁负责。该公司是由京投公司、香港地铁公司、首创集团共同出资，以 2∶49∶49 的比例构成。

图 8-4 显示了北京轨道交通 4 号线 PPP 模式。

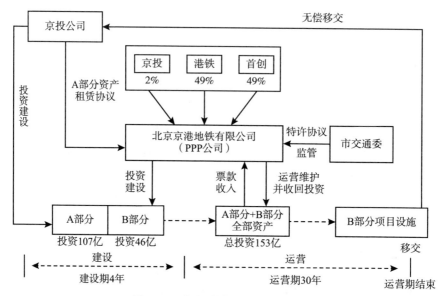

图8-4　北京地铁4号线PPP模式

此PPP案例的施工进程可以分为两个阶段：一是北京市发改委领导的规划和审批；二是北京市交通委领导下的项目招投标。2006年4月12日，经市政府同意，北京市交通委同京港地铁签订《特许经营协议》。

京港地铁在4号线工程完工后，以租用方式获得4号线A段的资产。京港地铁公司负责4号线的运营管理，维修A、B两个设施并进行资产的更新，同时也负责车站的商业运营，从地铁的票价和车站的商业运营中，得到合情合理的投资回报。

特许经营权期满30年，4号线公司将享有A段的设备，而市政府将获得设备完好、无偿提供的B段地铁，均由京港地铁转交。

PPP项目的建设与经营管理的清晰根据和有力的法律保证是特许经营协议，它是整个项目的中心。主协议、16份附件协议和后续配套协议组成了4号线工程一套完善的特许经营协议，包括投资、施工、试车、运营和交付等多个环节。

3. 权利和义务协定

（1）北京市政府。

北京市政府和各职能单位的具体权力和责任见表8-12。

表 8-12   市政府及其职能部门的权利义务

施工期	负责工程 A 段的施工和 B 段的质量监督,包括工程施工规范的制订(包括设计、施工和验收);负责监督检查施工进度、质量和工程的试车、竣工验收、竣工报告等
运行期	监督工程的实施,包括制订运行及收费标准,监督京港地铁的运行,如遇突发情况,可对工程设施进行协调安排或临时接管;并与京港等轨道交通公司进行协调,制定与之有关的收益分配分账制度,并制定相应的配套措施
除上述阶段	京港地铁由于政府的需求或法律上的变化而造成的工程造价上涨,由政府承担相应的赔偿责任

（2）京港地铁。

工程 B 段建设的主要负责方是京港地铁,承担工程建设资金、建设管理、运行等工作。为了促进 A 段建设和 B 段建设之间的相互联系,合同规定,京港地铁将 B 段工程的施工和管理工作交给了 A 区的施工单位。在运行期间,京港地铁利用 4 号线的配套设施,在特许经营期间实现自主运营,为旅客提供客运服务,赚取票价。该合约提出,京港地铁公司在确保《北京市城市轨道交通安全运营管理办法》的前提下,必须保证旅客运输的充足和优质的服务,并制订和执行安全演练方案、突发事件处理方案,确保该工程的安全运行。京港地铁公司在符合有关法律、法规,尤其是运营安全方面的要求下,可以将该工程设施用于广告、通信等商业活动,并获得相应的收入。

4. 项目案例整体评述

（1）健全的政策保障制度。

在政府的积极配合下,该案例得以顺利进行,并且得到了多方面的支持。政府在整个工程过程中,全程参与并提供全方位的安全保证,同时制定了《关于本市深化城市基础设施投融资体制改革的实施意见》等有关方针。为了促进工程的顺利进行,市政府成立了由市政府副秘书长领导的招商引资领导小组,发改委组织起草了 4 号线 PPP 项目的实施方案,交通委作为谈判主体以及京投公司则承担了整个项目的具体运营和调研工作。

（2）制定一项收入与风险分摊的合理机制。

通过建立合理的收入分配体系和有效的风险分担机制,在此 PPP 案例项目中,可以实现政府和社会投资者的良好协作。本项目采用了灵活的票价和游客机制,使得北京市地铁运营管理与服务的效率得到了较好的平衡,既能为社会投资者带来合理的期望收入，又能提高城市轨道交通的运营效益。

关于票价机制的制定详则：4 号线的运营价格是由国家统一定价，而实际的乘客票价并不能充分体现其自身的运营费用和合理的利润。为此，本工程以"测算票价"为基础，确定投资企业的经营收益，并对票价进行了测算与调整。

通过对定价的计算，在特许经营合同中建立了票价差异补偿与利益共享机制，并建立了成本风险分摊机制。若实际的票价收入水平低于所估算的票价，则由市政府向特许经营公司支付差额。若实际的票价收入超过所估算的票价，则由特许经营公司向政府退还 70% 的差价。该项目的票价补还机制见图 8－5。

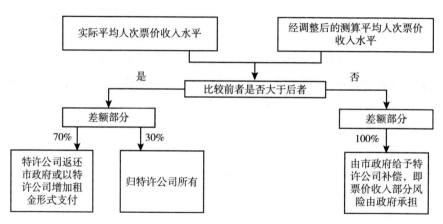

图 8－5　票价补偿和返还机制

论旅客流量机制的建立，票价由政府制定且是 4 号线最大的利润来源，客流量对项目效益影响重大。客运专线的客流量不仅受到各大运营商的服务品质的影响，而且还会受到各大城市的城市规划等方面的影响。为此，必须构建风险共享、收益共享的客流管理体系。

4 号线工程的客流机理是：如果 3 年内客流量小于预计客流量的 80%，则特许公司可以提出赔偿要求，也可以取消该工程；在客流量超出预计客流量的情况下，政府将占到超过预计客流量 10% 的收入的一半、高于 10% 的收入的 3/5。该项目客流管理机制充分考虑了市场、政策等方面的影响，其风险分担、客流收益共享机制与轨道交通产业的特征及 PPP 模式的需求相吻合。

（3）健全 PPP 项目监督机制的构建。

北京 4 号线 PPP 工程的顺利实施，主要是由于该工程的管理制度比较完善。明确界定市场和政府的边界，具体制定相关的监督机制，是 PPP 模式下政府监督工作的核心。

4 号线工程建设中，政府监管的重点主要是以下三方面：审批计划、文件与申请，施工、试运行的检验与备案，监管运行工作流程与服务品质。对项目的各个环节进行了全面的控制，对项目的前期、中期、后期进行全面的监测。

4 号线的监控系统涵盖了从投资、建设到运营的全过程。在监管时间序列方面，包括前期、中期、后期的监督。在规范方面，要按照具体的要求，尽可能地量化，不能量化的都要严格控制。图 8 - 6 显示了特定的管制系统。

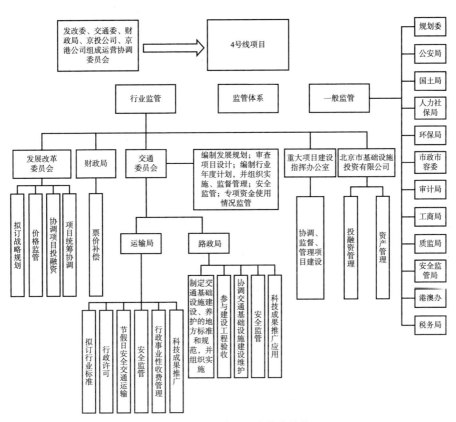

图 8 - 6 北京地铁 4 号线的监管体系

8.3.3　天津市北水业公司部分股权转让项目

1. 工程概要

天津市自来水集团有限公司拥有 119 951 万元的注册资金，是集自来水生产、营销服务与供应维护于一体的国有企业。主要经营三大板块：水务、市政管道建设、管材制造及附属设施。

天津市北水业公司是天津市自来水集团控股子公司，注册资金 126 582 万元，主要从事工业用水的集中供水业务。截至 2007 年度，公司的资产价值为 20.42 亿元，负债 6.19 亿元。

天津市北水业有限公司 49% 的国有股份通过天津市自来水集团公开转让给公众，目的是在天津城市公共工程项目中引入社会资金。北水业 49% 的股份价值约 6.98 亿元，以 9 亿元的价格成交。

2. 招商方式

将天津市北水业公司 49% 的股权转让给符合条件的社会投资者，与股权受让人组成"合营公司"。合营公司于工商注册变更成立后，由天津市政府（或其授权的单位）与合营公司签订一项特许经营合同，授权合营公司在其经营范围内经营供水服务 30 年。合同到期后，合营公司应保证其资产的完整且能正常供水，将原供水范围内所有资产均无偿移交政府或政府指定单位。

报天津市国资委同意，以天津市北水业公司资产评估为基础，以该公司的转让股份的比率同净资产相乘，并且综合考虑合适的溢价，最终确定 9 亿元为本次交易的基准价格。社会资本引进的程序包括以下 3 个阶段。

（1）期初筹备的 4 个阶段。

具体见表 8 - 13。

表 8 – 13   期初准备工作

内部决策	引入资金的天津自来水集团为天津市北水业公司编制了转让方案，方案中规定了重组后公司的组织结构、公司资产负债管理方案、资本变更方案、重组的业务程序，以及资产评估、财务控制等中介机构的选择和指定 根据天津自来水集团的内部决定过程，由公司董事会进行讨论，并以书面形式提出听取企业职工代表大会的意见，并在职工大会上讨论有关人员的安置问题
专业机构确认	聘任会计师事务所，对天津市北水业公司的资产进行清算，并对其进行了全面的审计，包括对公司法人代表进行离职审计 委托资产评估机构对其进行评估，评审报告报送市政府国资委，并决定拍卖的价格 聘任律师事务所，判断引资方和引资标的企业的合法性，并出具《法律意见书》，保证将部分存量国有股份转移到社会资本中，是一种合法、有效的做法
股权转让引资方案报批	政府相关主管部门（市公用事业办公室、建设管理委员会、国资委、发改委、财政局、国土局、劳动和社会保障局等）对引入资本所制定的《股权转让方案》及其他相关文件进行审查通过
提供专业引资咨询服务	咨询机构可以在项目实施的初期就介入，提高投资的效率和专业的法律法规，为引资方提供专业化的招商、国有股权转让、财务咨询和法律咨询

（2）招商项目的挂牌和招标。

本次投资项目的股权转让招商标的于 2007 年 6 月 26 日在天津产权交易中心进行公开挂牌，截至 2007 年 7 月 23 日，顾问机构将帮助其在全球范围内推广投资，并在潜在投资者中进行必要的调研，深入了解他们的信誉、实力、经验、投资意向，这将使天津自来水集团公司制定应对措施，优化招商方案。并且咨询机构会根据意向投资者的意愿，对招商对象进行必要的尽职调查，使其能够全面地了解招商项目，从而作出科学的投资决策，提高招商工作效率。

在挂牌过程中，3 个有意投资者到天津产权交易中心提出了意向受让的申请，天津产权交易中心已正式受理。分别是：香港中华煤气有限公司、中法控股（香港）有限公司、威立雅水务—通用水务公司。在确定了合格的社会投资者的条件下，咨询机构开始准备《特许经营协议》《股权转让协议》《招标文件》《产权交易合同》《公司章程》《合资合同》等一系列文件。国信招标在挂牌期满后，将向三个潜在投资者发送投标邀请、发行招标文件、解释与答疑。

评审委员会认为，3 家竞标公司都是国际著名的大型公司，管理经验丰富，管理水平国际一流，信誉优良，满足了吸引社会投资者的需求，尤其是威立雅水务—通用水务公司，它在中国乃至全球的水利事业都表现优异。

威立雅水务—通用水务公司在评标专家的综合评定下，对招标书的需求做出了最好的反应，最好的价格、最好的技术、最好的价格。评标委员会一致认为，本次股权转让招商工程的中标候选人为威立雅水务—通用水务公司。

（3）准备洽谈和签订合约。

《中标通知书》发出 4 个工作日内，天津市北水业公司与威立雅水务—通用水务公司完成所有合约的洽谈工作，并于 2007 年 9 月 5 日签订了《股权转让协议》《产权交易合同》《合资合同》《公司章程》等合约。《合资合同》规定，合资公司的设立由双方出资51%：49%的股份。天津政府此次政府与社会资本的联合，共动用了 30.9 亿元（其中以 49% 的股份转让价格 21.8 亿元），为天津供水事业的发展提供了必要的资金支持，同时也为天津乃至全国的政府与社会资本的合作提供了有益的借鉴。

3. 项目案例整体评价

（1）项目融资模式的制定。

在实施整个吸引转让资本的项目过程中，咨询机构开发了一个针对目的明确的经济模型来估计相关资产的价值。运用该模型，一方面可以将其与资产评估机构的评价结果进行对比，从而发现两者之间的差别，并对其成因进行分析；另外，通过构建融资模式，可以用来校准投资者的报价，以分析投资者对项目的预期，例如对未来水价、用水量、经营期投资规划等，进而了解投资企业的经营管理能力，发现其不合理的假设和前提，以便在后续的谈判中修正，并在谈判中发挥主导作用。

（2）确定科学的界限。

股权出让比例、合资期限、特许经营期限、到期后的资产处理等都是股权转让招商项目边界条件的重要因素。边界条件的科学合理设计，既能保证公共安全，又能保护公众的权益。在对外宣布招商政策的同时，还会公布边界条件，这就要求投资者对边界条件作出反应，并且保证不会发生重大变化。在进入谈判阶段后，边界条款自然而然地变成了不能协商的条款。

（3）设计合理的评标方法。

选择合适的投资方，以达到提升城市供水服务的效率、运营能力和服务城市发展的目的。所以，评标方法不能只以投标报价为标准，而是要考虑到各项因素进行综合评估。如合约支付期限、投资者的技术、财务实力、对合资公司的可持续发展与信用等方面。

随着"十三五"规划建议的提出，PPP 模式作为新型的融资模式，对于正处于发展中的中国来说，PPP 模式的引入对基础设施的建设具有极其重要的现实价值。现阶段我国推广和实施 PPP 模式的本质是：在传统政府投资领域，引进市场竞争和激励约束机制，充分利用政府在发展规划、市场监管方面的优势和社会资本在管理效率、技术创新方面的优势，弥补政府建设资金不足，提高公共产品、公共服务的质量和供给效率。实施政府与社会资本合作，对于公共项目的建设、政府发挥更好的职能以及减轻地方政府债务等有着重要的意义：一是有利于促进公共投资项目的建设；二是有利于更好地发挥政府的作用；三是有助于地方政府减轻债务负担；四是有利于提高公共产品和服务的供给效率；五是有利于推动体制的创新；六是有助于构建现代财政制度。

通过 PPP 模式，能够充分发挥政府和社会资本的自身优势，使共同利益最大化。随着时代的进步和发展，PPP 模式不断地更新和扩展，已经不仅仅局限在项目融资、建设运营的方面，还能够改善政府管理能力、构建现代财政制度、推动体制创新以及提高公共产品和服务的攻击效率，对推动经济社会可持续发展作出了巨大的贡献，同时也是我国新的历史条件下经济社会全面改革的一种战略性创新。

第 9 章

PPP 投融资模式的绩效审计

9.1 PPP 投融资模式绩效审计的理论基础

PPP 投融资模式的绩效审计是指由国家审计机关以及国家委托的相关审计机构，按照一定的要求，对 PPP 项目在各个阶段的绩效目标实现程度做出客观、公正的评价与监督。PPP 项目的运行主要分为 5 个阶段，即项目识别、项目准备、项目采购、项目执行、项目移交阶段。在进行绩效审计时，主要对这 5 个阶段的项目规划、资金筹集、项目建设、营运管理以及公众满意度等方面进行重点评价。PPP 投融资模式进行绩效审计需要根据一定的理论基础，本文认为理论基础如下。

9.1.1 绩效审计理论

绩效审计需要国家审计机关对政府相关部门以及其合作的社会组织进行监督与评价，主要考核两者进行经济活动的效率性、效益性、效果性。绩效考核结果至关重要，这涉及政府对项目绩效付费机制的构建以及对私人合作对象的财政拨款。因此，绩效审计理论的核心观点是要完善 PPP 项目的绩效考核机制。PPP 投融资模式的绩效审计要利用关键绩效指标，对项目的效率性、效益性、效果性进行全面而系统的综合评价。以此引导 PPP 项目关注社会效益，促进社会整体发展。

9.1.2 利益相关者理论

利益相关者理论认为,经营管理者需要综合平衡各方参与者的相关利益,并进行管理和采取措施。PPP 投融资模式的利益相关方众多且复杂,如果依然采取传统的审计模式,则不能有效应对该项目运行程序和相关主体的复杂性,绩效审计也就失去了意义。因此,根据利益相关者理论,对 PPP 项目的绩效审计要合理考虑相关利益方的利益诉求,以此提高绩效审计的效率。

9.1.3 全生命周期理论

全生命周期理论认为,事物的发展要经历起步、成长、成熟、衰退这 4 个阶段。如果只是对项目进行事后监督与管理,则难以全面考察项目运行效果,也难以获得良好的评价效果。因此,将全生命周期理论引入 PPP 项目的绩效审计过程,将有利于提高项目的审计质量、保证项目的顺利进行。根据全生命周期理论,PPP 投融资项目的绩效审计要综合分析项目在发展的各个阶段所具有的特点,并根据具体情况构建绩效指标,同时选择合理的方法进行监督与评价。这样能够保证每个阶段的高质量发展,并推动 PPP 项目延长生命周期、增大经济效益。

9.1.4 项目管理理论

项目管理理论提倡运用专业知识、相关技能、辅助工具以及合理方式对项目进行综合管理,以尽可能降低项目在资源方面的受限程度,最终推动项目实现超预期发展。但项目管理理论不仅适用于项目建设,同样也适用于绩效审计。PPP 投融资项目将项目管理的方法和手段运用于绩效审计的过程,就是综合采取各类方法,如定量与定性相结合的方式,对项目运行过程中的薄弱环节和潜在风险进行识别与管理,提高绩效审计的效率,以保证 PPP 项目达到或超出预期效果。

9.2 PPP 投融资模式绩效审计的特点

PPP 投融资模式的绩效审计是一种全过程绩效审计，在审计过程中其主要具备以下 3 个方面的特点：第一，PPP 投融资模式的绩效审计具有时效性，能够及时进行绩效评价。该绩效审计的全过程将以物有所值指导原则，对项目运行的各个阶段进行综合考虑，要求施工单位、管理部门积极配合，及时对项目给予经济性、效益性评价，并推动审计部门的高效工作，以达到实时监测和展示项目绩效审计结果的目的。第二，PPP 投融资模式的绩效审计具有动态性，能够动态监督审计过程。该绩效审计改变了传统审计的事后评价模式，新增了全过程的动态审计，这意味着要对 PPP 项目从筹备到运行再到结束的所有阶段都将进行跟踪评价，尤其要对建设与运营阶段的事前、事中与事后评价进行强化。动态审计能够实时监督和反馈审计结果，有利于进行及时调整，体现绩效审计的监督与指导价值。第三，PPP 投融资模式的绩效审计具有全面性，能够充分考虑评价的各个要素。该绩效审计综合考虑项目运行的经济性、效率性、效果性以及公众满意度，以全面提高项目的管理质量，而不仅仅关注资金的利用分配情况。这样的全面审计有利于各方参与者准确全面地了解项目运行状况以及目标实现程度，为及时改进项目管理方案奠定了基础。

9.3 PPP 投融资模式绩效审计的目标及对象

PPP 投融资模式的绩效审计目标分为总体目标和具体目标，两者共同贯穿于审计工作的全过程。总体目标具有统筹全局的特征，是促使项目最终实现经济性、效率性、效果性，同时在运行过程中保障公平性与环境友好性，督促项目相关部门按照既定路线和相关政策行事，并保证相关部门对既定目标实现程度进行客观考察与评价。在报告审计结果后，相关决策机构能够充分了解项目的运行状况，并做出改善意见，以保证项目顺利运行，同时顾及社会各利益，最终使项目产生的效益最大化。具体目标则具有阶段性特征，考虑到了 PPP 项目周期场的特点，在项目运行的各个阶段做出具体规划，并对绩效审计行为做出具体引导。具体目标通常会在 PPP 项目的 5 个阶段做出不同的审计要求，这 5 个阶段包括识别阶段、准备阶段、采购阶段、执行阶段和移交阶段。在识别阶段，绩效审计的主要目标是考察 PPP 项目是否真实合法以及物有所值，并同时考量政府财政的承受能力。在准备阶段，绩效审计的目标是严格把控项目的潜在风险，确保项目实施方案的合理性与可行性。在采购阶段，绩效审计的目标是确保项目招标具有合法性，并保证项目运行的公开透明。在执行阶段，主要是考察项目融资以及项目公司的合法性，同时对中期考核的规范性提出了一定的要求。在移交阶段，绩效审计则主要考核项目最终的效益性，并致力于促进项目的可持续性。

从上述 PPP 投融资模式的绩效审计目标中可以看出，无论是总体目标还是具体目标的审计都主要考察 PPP 项目的运作情况，审计对象不仅针对项目建设单位、项目承包单位以及项目运营单位，还涉及决策机构与社会资本。绩效审计对象的全方位覆盖，有利于减小定位偏差、提高审计质量。

9.4　PPP 投融资模式绩效审计的重点

PPP 投融资模式的绩效审计是指以政府为主体，由政府审计部门根据科学合理的绩效标准对 PPP 项目的建设和实施进行经济性、效率性和效益性的考察。绩效审计的重点内容上要存在于以下 5 个阶段。

1. 识别阶段

PPP 投融资模式绩效审计的项目识别阶段是进行绩效审计的第一个阶段，也是对项目运行的整个过程具有带头作用的阶段。项目识别阶段经历的步骤通常有 4 个，即项目发起、项目筛选、项目效益评价、政府财政能力评估。而 PPP 模式下项目绩效审计的重点内容包括 3 个方面，分别是项目的"物有所值"评价绩效审计、项目可行性报告绩效审计和政府财政能力绩效审计。对于 PPP 项目"物有所值"评价的绩效审计，实际上是以上定量和定性的方法对该项目预计产生的效益作出评估。在具体的实施过程中，应当以《PPP 物有所值评价指引》为参考依据，严格按照规定效益目标进行衡量。在定量方式中，将 PPP 项目产生的收益和成本之差与政府预计的绩效目标进行比较，以这样的量化方式反映该项目是否能够达到绩效标准，是否"物有所值"。在定性方式中，对 PPP 项目预计产生的效益是否有利于提高公共产品或服务对社会的效益、是否有利于提高政府行政能力、是否有利于营造创新和公平的环境等指标进行衡量。对于 PPP 模式下项目可行性研究报告的绩效审计，应当从两个方面着手。一是考察项目本身的合理性和科学性，确保没有将关乎项目是否可持续发展的关键要素遗漏，并检查是否对项目起草出完整的可行性研究报告。这一方面的绩效审计，实际上是在考察该项目在某个特定区域是否适合采用 PPP 投融资模式的方式进行，以及是否能持续发展和促进当地的经济发展状况，是否能切实为百姓谋福利。二是核实该项目制定的发展计划和起草出可行性报告本身是否符合法律法规的要求。这有利于确保该项目在后续发展中不会因法律法规问题而被迫叫停。当 PPP 项目的绩效审计对政府财政能力进行考察时，应当按照《关于印发政府和社会资本项目财政承受能力论证指引》中的规定，对该项目进行经济效益的评估，以考察当地政府财政收入状况能否持续付费，以及政府对该项目在发展受阻时能否提供更多政府补助。政府应当以定量的方法，准确衡量政府付费和补贴的额度与财政收入的差额是否符合政府财政预算的规划要求。

2. 准备阶段

PPP 投融资模式下项目的准备阶段是进行绩效审计的第二个阶段。这个阶段步骤包括：管理制度的制定、实施计划的制定和实施计划的审核。项目准备阶段进行的绩效审计重点是对项目实施计划的合理性和可行性进行评价。绩效审计应当由各行业专家打分，采用联合绩效评审的方法。而对于政府来说，参与评审的部门不能过于单一，要由各行业的主管部门牵头，相关部门（如财政部、国土规划局、审计部门和法制部门等）相互协调、共同参与，确保项目实施方案严格按照各部门要求的条件进行。对于项目实施计划来说，进行绩效审计的内容是考察项目的合作范围、价格机制、风险状况、绩效指标体系等，并联合之前的可行性研究报告一并审查，以确保该方案能够在后续阶段顺利开展。

3. 采购阶段

PPP 投融资模式下项目的采购阶段是进行绩效审计的第三个阶段，这个阶段审计的主要内容有：项目资格预审、采购文件编制、采购文件审核以及合同签署。在采购阶段需要进行绩效审计的重点内容是招投标绩效审计、参与者资格绩效审计和合同绩效审计。对于招投标的绩效审计，实际上是考察此次招投标是否符合法律规定，是否做到公开公平公正。对于参与者资格的绩效审计，主要是审查政府在 PPP 项目中的合作伙伴是否具有合格的资质。这些资质包括：是否具备丰富的专业知识和行业经验、是否具备特许经营权的承受和管理能力、是否具有合法合规的可行性报告和审批文件、能否在项目发展中进行科学决策、能否对项目发展过程中所需资金作好充足的准备等。对于合同的绩效审计，在形式上审查 PPP 项目合同是否签订了《政府和社会合作协议》，在内容上确定合同规定的价格调整机制和风险承受状况是否符合两者的预期。在后续发展中，要继续关注合同的履约状况，关注双方的权利是否得到保障、义务是否得以履行。

4. 执行阶段

PPP 投融资模式下项目的执行阶段是进行绩效审计的第四个阶段，这个阶段审计的主要内容有：项目公司的设立、融通资金的管理、项目绩效的监测、项目中期的评估。在项目执行阶段，主要对融资的管理情况、项目的营运情况、项目的建设情况进行重点考核。对于项目融资管理的审计，主要对象是除政府以外的其他参与方，主要内容是对项目开展的融资方案、融资合同和最后的交割状况等进行绩效审计。同时要考察相关部门是否做好监督管理的工作，在项目公司出现经营或财务风险时，能否及时出具合理的审计意见以督促其进行改正或调整。对于项目建设绩效的审计，实际上是对项目在建设过程中的成本控制和目标绩效进行考察。主要衡量成本费用的产生和支出是否合理、科学，同时对项目实施的过程加以严格监控，以确保 PPP 项目的建设是向着绩效目标而去的。对于项目的运营绩效审计，则是在项目运行实施的过程中对项目的绩效目标完成情况、项目产品或服务的质量、可持续发展性、参与者满意程度等方面进行评估，同时在审计方法上以更多的质量和进度审计代替财务审计。

5. 移交阶段

PPP 投融资模式下项目的移交阶段进行绩效审计的第 5 个阶段。这个阶段审计的主要内容有：移交准备状况、项目性能状况、资产转移状况、项目绩效状况。而在这个阶段需要进行绩效审计的重点内容是项目经济效益审计、项目可持续性审计和项目投资绩效审计。对于项目经济效益的审计，就是对项目在建设完成后能够对社会和公众产生何种经济价值的衡量。对于项目可持续性的审计，实际上是考量项目是否有合理的成本控制和收益产生、是否有足够的资金支持其长远发展、是否对生态环境和社会效益有重大贡献。对于项目投资绩效的审计，则是在考察项目建成后是否达到预期的绩效目标，是否满足了公众需求、是否真的"物有所值"。

9.5 PPP 投融资模式绩效审计的指标体系

1. 指标体系的建立

顺利进行绩效审计工作的重要一步是建立科学合理且完整有效的评价指标，这对于上级有关部门和社会公众的认同也至关重要。于是本文根据审计署公布的绩效审计相关指标体系，采用定性与定量相结合的方式，针对 PPP 项目运行的全过程建立了一套完整的绩效审计评价指标体系。这套指标对 PPP 项目从开始筹划到最后立项的前期工作，对项目建设保证质量、安全等各个方面的中期工作，以及对项目完成后进行的管理、产生的效益以及后续的可持续性等方面的后期工作做了全方位的评价。具体指标体系的构建如表 9-1 所示。

表 9 - 1   **PPP 投融资模式绩效审计的指标体系**

项目识别阶段			
指标名称	指标得分	指标权重	指标说明
物有所值评价	7.5 ~ 30	60%	考察 PPP 项目在价值方面的合理性
融资风险程度	5 ~ 20	40%	衡量 PPP 项目融资过程中的风险把控程度

项目准备阶段			
指标名称	指标得分	指标权重	指标说明
项目建设资金筹措	6 ~ 25	25%	采用定性与定量相结合的方式，对 PPP 项目进行资金筹措的相关文件以及最终获得的资金进行考察
项目立项及投资计划	6 ~ 25	25%	采用定性方法对 PPP 项目的立项书和投资计划书的真实合理性做出考察
可行性研究报告编制与审批	6 ~ 25	25%	采用定性方法对 PPP 项目的可行性研究报告和审批材料的真实完整程度进行考察
环境影响评估	6 ~ 25	25%	采用定性方法对 PPP 项目的环境影响状况以及上级部门的相关意见书的真实完整程度做出考察

项目采购阶段			
指标名称	指标得分	指标权重	指标说明
项目采购方式	5 ~ 20	20%	采用定量方法对 PPP 项目采取各种采购方式的合理性做出评价
邀请招标	5 ~ 20	20%	采用定量方法对 PPP 项目是否通过随机方式对多家供应商进行邀请招标的合理性做出评价
招标文件合规性	5 ~ 20	20%	采用定量方法对 PPP 项目的招标文件在特定投标人、排斥潜在投标者方面的合规性做出考察
中标结果公告	2.5 ~ 10	10%	采用定量方法对 PPP 项目中标结果的公布状况进行考察，依据公布内容的合规性和完整性进行评分
采购合同合规性	7.5 ~ 30	30%	采用定量方法对 PPP 项目采购合同与招投标文件是否保持一致的状况做出评价

项目执行阶段			
指标名称	指标得分	指标权重	指标说明
项目资金管理	5~20	20%	采用定性方法对PPP项目的资金管理方式及制度的合规性和有效性做出考察
财务信息完整真实性	5~20	20%	采用定性与定量相结合的方法，对PPP项目在投资回报率、投资回收期等方面的财务信息真实完整程度做出考察
施工承包单位管理状况	5~20	20%	采用定性与定量相结合的方法，对PPP项目施工承包单位的管理状况及项目推进状况进行考察
项目交付时间	5~20	20%	采用定性方法对PPP项目的运行状况以及是否能如期交付的状况进行考察
造价管理制度有效性	5~20	20%	采用定性的方法对PPP项目在造价风险及具体方案管理方面的制度有效性做出考察
项目移交阶段			
指标名称	指标得分	指标权重	指标说明
公众满意度	7.5~30	30%	采用定性与定量相结合的方式，对PPP项目所获得的公众满意程度进行考察
促进社会发展程度	5~20	20%	采用定性的方法对PPP项目在垄断抑制、社会效益等方面带来的好处做出考察
促进经济发展程度	5~20	20%	采用定性与定量相结合的方法，对PPP项目促进经济增长的状况做出评价
自然环境利用与保护	2.5~10	10%	采用定性的方法对PPP项目在自然资源的利用以及保护方面的表现做出考察
项目管理体制及完善程度	2.5~10	20%	采用定性的方法对PPP项目管理的现存体制以及为完善程度做出合理性考察

2. 权重的分配

前文已将PPP项目在各个阶段的具体绩效审计指标进行了介绍，但缺少各个阶段指标权重的分配。因此，本节将根据 PPP 项目在各个阶段产生的经济和社会效益，对每个阶段的权重进行分配。首先，项目识别阶段是项目全过程的起步阶段，具有方向引导性，占据较为重要的地位，因此赋予该阶段 30% 的权重。其中，物有所值评价指标相对于融资风险程度指标来说，是项目全过程更为重要的因素。因此，前者占 18% 的权重，后者占 12% 的权重。其次，项目准备阶段的时间较短，发展速度较快，应当赋予较低的权重，在本文则为 12%。项目准备阶段的 4 个指标在该阶段的重要性相当，因此权重各占 3%。最后，项目采购阶段主要考察项目投招标的公正性以及项目采购合同的公正性，其指标在整个过程中可以占到 18% 的权重。项目采购、邀请招标、招标文件这 3 个指标分别占到全过程的 3.6%，中标结果指标占到 1.8%，采购合同指标相对重要，占到 5.4%。项目执行阶段主要涉及对财务相关信息的审计，直接关乎项目产生的效益，因此对该阶段赋予 25% 的权重，而该阶段的每一个指标分别占全过程的 5%。项目移交阶段主要考察项目在效率性和效益性方面的完成情况，对其分配相对较低的权重，即 15%。其中，公众满意度指标占据 4.5%，促进社会发展程度、促进经济发展程度、项目管理体制及完善程度分别占据 3%，自然环境利用保护则占据 1.5%。

另外，PPP 项目绩效审计指标都由专家打分，此后根据打分结果考察每个阶段实现绩效目标的程度是否合格。如果该阶段得分合格，则继续推进项目的进行；如果得分不合格，则暂停项目并进行整顿。在各个阶段的评估合格后，对各阶段的所有指标得分进行加权，得出这个阶段的分数。最后对 PPP 项目所有阶段的指标得分进行加总，得到绩效审计的最终得分。当项目得分在 90 分及以上，绩效审计结果则评为"优"；当项目得分在 80~89 分的区间，绩效审计结果则评为"良"，当项目得分在 60~79 分的区间，绩效审计结果评为"中"；当项目得分在 59 分及以下，绩效审计结果则评为差。

9.6 PPP 投融资模式绩效审计需要解决的问题

PPP 模式下项目的绩效审计从诞生之日起，就存在明显的特殊性。因为 PPP 项目由政府发起，涉及国家利益、政府责任和社会效益，故其社会影响较大，也具备较强的敏感性。而长期由政府主导的 PPP 投融资模式，在进行绩效审计时，往往与审计目标相差甚远，实际效果差强人意。我们认为，PPP 投融资模式的绩效审计需要解决以下几个方面的问题。

1. 要完善绩效审计的规范体系

关于对 PPP 投融资模式绩效审计的规范，应从法律法规和评价标准这两方面进行考虑。一方面，根据世界审计组织提出的准则，要对 PPP 模式下的项目进行绩效审计，必须对审计的权限进行界定，这个权限应当考虑国家预算和实际效益等与项目本身直接相关的因素，而较少受到政治目标等其他因素的影响，目的是增强对政府项目进行审计的效果。在法律法规方面对 PPP 模式下项目的绩效审计进行规范，有利于为政府的审计过程提供充分的法律支持，而不会因缺乏法律参考而在审计中不知所措。另一方面，对 PPP 模式下的项目进行绩效审计，是需要确定关于衡量该项目是否具有经济性、效率性和效果性的标准的。因为没有绩效审计的衡量标准，哪怕是对同一项目进行审计，也会有千万种不同的审计结论。只有确定了绩效审计的标准，才能规范评价意见，寻找到一种公认的评价标准，最后对 PPP 项目进行客观公正的绩效审计。

要对绩效审计规范体系进行完善，首先，要对世界审计组织和世界发达国家的绩效审计法进行借鉴，结合各国本身经济和社会发展实际，尽快制定或修改出该国自身的绩效审计法律法规。其次，要合理确定绩效审计的标准。确定绩效审计目标时，不应简单地以经济性、效率性和效果性的固定比重为依据，要将三者联合起来进行实际考察，以综合效果确定审计标准。

2. 要加强对绩效审计方法和技术的研究

在绩效审计方法和技术的问题上，主要体现在三个方面。第一，鉴于 PPP 模式下项目的多样性，它们遍布各行各业，从事 PPP 项目绩效审计的人员也来自各行各业，再加上他们所审计的对象不同，因此很难形成一个统一的绩效审计方法和技术。这个问题最大的影响是，当审计人员面临不同行业的项目时，无法以标准统一的方式对项目进行绩效审计，这加大了审计难度也降低了审计效率。第二,多数理论研究侧重于绩效审计单方面的研究,如侧重政府的绩效审计,而忽视同样具有重要作用的项目公司内部绩效审计和民间审计。这样的"偏科""挑食"现象,导致对绩效审计方法和技术的研究不成体系,并且无法形成具有广度和深度的研究,使绩效审计的方法手段单一。第三,一些研究绩效审计的学者并未真正从事过PPP 项目的绩效审计工作,缺乏实践经验,而在研究绩效审计的方法和技术时,又缺乏实证研究,导致其研究成果质量不佳,参考意义不大。由于这样的状况导致绩效审计方法和技术不多样、不深刻、不实用,阻碍了绩效审计作用的发挥。

针对这样的问题,首先要结合各行业特征,提取绩效审计方法和技术的共性,形成一套统一的方法和技术。其次要加强对绩效审计方法和技术的全面性、深层次研究,更要在实际的绩效评价中总结有利于确定审计标准的方法和技术,以实践经验促进理论成果的发展。

3. 要培养一批具有高素质的绩效审计人才

绩效审计在人才方面的问题,主要表现为自身素质不过硬和判断依据不充分。对 PPP 模式下的项目进行绩效审计,需要一大批自身专业素质过硬的审计人才。这里过硬的专业素质要求从事绩效审计的人员首先要接受过良好的教育,包括专业教育和道德教育。专业教育涉及该审计人员的分析判断能力和发现创造能力,而道德教育涉及其理想信念追求和个人品德修养。要成为一名合格且优秀的绩效审计师,必须学会在专业上熟练运用绩效审计的方法和技巧,学会综合掌握多门专业知识如统计学、工程学、计算机技术等;在道德上树立为国家社会服务的远大理想,并坚守遵法守纪的理念严格按照法律法规办事。另外,绩效审计的人员即使在具备合格的专业素质时,也有可能由于判断依据不充分而出现绩效审计偏差。这个判断依据通常是指进行绩效审计的证据,而绩效审计通常与财务审计不同,它没有固定的公认准则可供遵守。这就需要绩效审计人员提高洞察和判断能力,要从多种渠道收集绩效判断的证据,不能出现判断依据有偏的情况。

第 10 章

完善 PPP 投融资审计的建议

10.1 我国 PPP 投融资的发展趋势与存在的风险

10.1.1 我国 PPP 投融资的发展趋势

总体来看，我国 PPP 投融资经历了探索试验、初步发展和快速发展 3 个阶段，目前处于稳步规范发展时期。2003 年北京市地铁 3 号线是国内首个 PPP 项目，但此时国内项目融资渠道较为畅通且市场整体对 PPP 的认知度和接受度不高，PPP 方式需求不足、发展受限。2004 年有关部门正式将特许经营权引入市政公用事业并付诸实践，自此迎来了 PPP 在我国初步发展的 10 年，公共交通设施、给排水、燃气、城市防洪、体育馆等场所的建设都有了社会资本的介入。2013 年党的十八届三中全会正式提出这一模式，允许社会资本以特许经营方式参与城市基础设施投资运营，这是政府和社会资本合作模式的真正开端。随即国务院、发改委、财政部及其他地方政府部门纷纷响应，大力推广 PPP 模式并出台多项支持政策，明确 PPP 的具体操作模式。2015~2017 年间，受经济下行影响，PPP 模式在此三年间快速发展，项目总投资金额从 2016 年的 8.1 万亿元增长至 2017 年末的 18.2 万亿元。但发展速度过快必然滋生 PPP 模式泛化滥用等问题，2017 年底便相继出台了关于项目资金库管理、投融资行为审查等方面的规范化指导方案。2018 年以来，在强监管的环境下，PPP 进入规范趋稳发展阶段。2019 年中央及各部委出台的与 PPP 直接相关的政策超过 50 个，对 PPP 项目可行性论证、项目决策程序依法性、实施方案合规性、项目投资资本金制度、项目监管和审批程序等方面都进行了更加严格细化的规定，政策总体趋于缓和。目前，PPP 模式已然成为政府基建投融资的常态化工具之一。

由前文我们可以得知，PPP 模式在许多领域具有直接公共投资无法比拟的优势，如减轻财政负担、促进投资者多元化、风险分散等。自 2013 年首次提出 PPP 模式的理念以来，在不到 3 年的时间里，中国已经发展成为世界上最大的 PPP 市场，PPP 已经成为当前经济和资本市场最热门的概念。

1. 总量逐年增加，但地区分布不均衡

截至 2020 年 10 月，2014 年以来累计签约落地项目 6 831 个、投资额达 10.9 万亿元（除西藏和新疆外）。管理库累计签约落地项目主要分布在人口大省，其中山东以 558 个项目领跑全国；河南 464 个、浙江 432 个、广东 427 个、安徽 421 个，分别居第二至第五位；但签约落地率方面，只有北京、安徽、浙江、宁夏、福建和海南六地的签约率在 80% 以上，辽宁、上海和山西的签约落地率不足 50%。项目投资金额方面，西南地区云贵川投入资金总量最多，其次为中东部沿海地区浙江、山东、江苏、河南等地。不管是签约落地项目个数还是项目投资资金，重庆都处于相对落后的地位，PPP 签约项目少、落地转化率较低，投资金额不足 1 300 亿元。

总体来看，PPP 项目及资金大多热衷流向市场潜力大或开发程度不高的地区，西南地区、中部地区、长江中下游和东南沿海个别省市是 PPP 项目投入和转化率都相对较高的地区，但西北、东北和其他地区的 PPP 项目分布甚少，存在发展趋势不均衡的现状。

2. 存量项目中交通运输等传统类占比较高

截至 2020 年 10 月，近 6 年以来管理库累计签约落地项目近 7 000 个，行业分布方面，市政工程项目数占据 40.8% 的绝对地位，其次是 13.7% 的交通运输业，9.5% 的生态环境建设和保护业，城镇综合开发、教育和水利建设行业平均占比为 5%。旅游、医疗卫生、文化、保障性安居工程、

科技、能源、林业、体育、养老和农业等行业综合占比不到20%。存量项目中包括市政工程、交通运输在内的传统类项目占比高的原因一方面是我国 PPP 投融资发展时间较短，传统类项目投资程序、实施方案及相关细则发展完善，社会资本与政府合作时间长，投资风险较小；另一方面传统类项目本身存量多，资金需求量大，且存在极为可观的盈利空间，吸引社会资本进入。

3. "两新一重"趋势发展

2020 年政府工作报告提出，扩大有效投资要重点支持"两新一重"建设，即加强新型基础设施建设、发展新一代信息网络和交通网络等重大工程。其意义在于既促消费惠民生，又调结构增后劲。

其一，新型基础设施。新型基础设施 PPP 项目包含充电桩、智慧城市、信息网络建设等。截至 2020 年 10 月，2014 年以来，累计新型基础设施项目 140 个、投资额 865 亿元，分别占全部在库项目的 1.4% 和 0.6%；其中签约落地项目 105 个、投资额 696 亿元，分别占全部签约落地项目的 1.5% 和 0.6%；开工建设项目 70 个、投资额 476 亿元，分别占全部开工建设项目的 1.7% 和 0.7%。

其二，新型城镇化建设。按照 7 月 22 日国务院常务会议精神和《国家发展改革委关于加快开展县城城镇化补短板强弱项工作的通知》，新型城镇化覆盖城镇综合开发、旅游、农业、市政工程、体育、养老、医疗卫生、生态建设和环境保护、文化、社会保障、教育等 11 个行业。截至 2020 年 10 月，2014 年以来，累计新型城镇化项目 6 578 个、投资额 7.8 万亿元，分别占管理库的 66.6% 和 51.4%；其中签约落地项目 4 541 个、投资额 5.7 万亿元，分别占全部签约落地项目的 66.5% 和 52.8%；开工建设项目 2 765 个、投资额 3.5 万亿元，分别占全部开工建设项目的 66.9% 和 55.1%。

其三，重大工程。截至 2020 年 10 月，2014 年以来，交通运输、水利建设行业累计项目 1 782 个、投资额 5.4 万亿元，分别占管理库的 18.1% 和 35.6%；其中签约落地项目 1 268 个、投资额 3.7 万亿元，分别占全部签约落地项目的 18.6% 和 34.1%；开工建设项目 774 个、投资额 2.0 万亿元，分别占全部开工建设项目的 18.7% 和 31.5%。

10.1.2 重庆市 PPP 投融资审计存在的风险

1. 执法依据不充分

我国《审计法》规定，审计机关的审计监督对象是政府投资或以政府投资为主的项目。PPP 模式的推行使政府投资方式和范围发生改变，致使上述法律法规对建设项目的审计边界与目标需求相冲突。外包类 PPP 项目和特许经营权类 PPP 项目都应是审计机关的审计监督对象，外包服务类的 PPP 投融资项目通过向政府收费实现收入；特许经营类 PPP 项目通过重庆市政府与社会资本合作带来财政收入，实现风险分担、收益共享，其本质是政府购买，国家审计机关应根据政府实际拥有控制权的份额和投资份额多少来决定审计部分；但是对于私有化类 PPP，只是受政府授权和监督，由社会资本全额出资且所有权永久归于私人所有，利润和风险自担，国家审计机关对这类 PPP 项目无权审计。由此可见，在现行法律体系下，重庆市开展 PPP 项目审计须根据项目资金性质区别对待，否则，可能面临法律风险。

2. 审计"角色"定位不准确

从宏观层面看，审计的根本目标是通过客观公正的独立审计，以维护人民群众根本利益，维护民生、促进发展。从微观层面看，审计的目的是监督被审计单位财政收支的真实性、合法性和效率，重点是维护国家财政经济秩序，提高财政资源使用效率。传统建设项目审计偏重进行事后评价，审计结论虽能为后续项目作出警示、提供经验，但不能起到预防风险、防治腐败的作用。要达成预定的目标需要不同的主体扮演不同的"角色"，地方审计机关处于双重领导体制下，在重庆市政府大力推行 PPP 模式的同时，基于规避风险的考虑，往往要求审计机关参与项目管理，对建设程序中的各个环节进行把关，导致审计"监督"职能演变为"管理"职能。因重庆市审计"角色"定位不准确，审计面临越位风险。

3. 审计评价体系不恰当

PPP 模式下，政府与社会资本的利益取向不同，政府更加注重维护和实现公共利益，注重建设项目的质量控制、进度控制和投资控制，但社会资本更加注重微观利益和经济利益，基础设施的公共属性因 PPP 模式的施行而被切割开来。财政部《关于推广运用政府和社会资本合作模式有关问题的通知》中提出：与社会资本建立利益共享、风险分担的长期伙伴关系是 PPP 模式得以推广的根本和出发点。重庆市对已经习惯以投资者利益为主导的政府审计机关来说，以利益关联方利益目标的实现为主导开展审计，必须以物有所值、经济可行、合作共赢的角度，站在国家及重庆市重大经济改革的高度分析投资绩效，并作出科学合理的判断。这对审计评价能力提出了更高要求。

4. PPP 项目审计信息化技术运用不足

一方面，中国政府审计数据的建设没有充分体现在计划管理中，无法实施动态管理，阻碍了计划管理的不断创新。另一方面，公共投资项目通常是大型项目，PPP 是建设时间长、投资量大、主体复杂、风险高的项目。目前，我国公共投资项目审计主要以现场检查为主，主要采用检查法、访谈法、研究法、分析法、观察法、问卷法、抽样调查法、分析检查法和监测法，审计对象及相关方的数据不充分。然而，目前的审计技术并不能完全满足审计实践的需要，信息技术、互联网、大数据等新技术应用不足，数据水平低，审计数据共享水平不高。

5. 成本核算不精细

《国家发展改革委关于开展政府和社会资本合作的指导意见》中提出，涉及集中定价的 PPP 项目可以适当地将定价委托给地方当局，依法依规为准经营性、非经营性项目配置经营性资源，为稳定投资回报和吸引社会投资创造条件。这些政策有利于吸引社会资本投资，但必须加强成本核算。PPP 模式的本质作用是平滑政府财政支出，如果成本核算过高，项目使用者付出使用价格相应升高，偏离了提供公共服务的初衷，且一定程度上会压缩社会资本的获利空间；相反，若成本核算过低，可能导致社会资本侵占公共资源的结局。此外，我国从事建设审计项目的专业人员数量和质量都有待提高，对成本核算的准确度提出了较大考验。因此在成本核算这个环节出现了乱象。

10.2 完善重庆市 PPP 投融资模式审计的建议

10.2.1 PPP 投融资本身发展的建议

1. 拓宽融资渠道

PPP 项目融资一直存在较多困难，项目本身是包括市政建设在内的大型工程，对进入资金额度要求高，且在现金流方面项目建设期只有投入无回报，因此对进入资金的稳定性有较高要求。但目前银行贷款依旧是 PPP 项目工程融资的主要渠道，在资金安全性方面存在许多不确定因素。出于风险管控等原因，商业银行当前大多对于该项目的贷款仍采取相对保守的态度，只有国家开发银行等政策性银行的表现相对积极。为了减少金融机构的风险顾虑，需要政府为其提供相应的政策保障。我国商业银行的主要业务仍是传统的信贷服务，为保障资金的安全性和流动性，商业银行应加快角色转变，积极拓展专门针对 PPP 项目的咨询、信贷及其他融资业务，并设置该类项目信贷占比的最高上限；证券、保险及其他投资公司也要更多参与到 PPP 项目中来，为不同时期的 PPP 项目发展提供全面的融资供给。具体而言，项目成立初期的资本金需求量大，可通过银行、信托、保险等机构和合格投资者募集 PPP 项目专项基金和资管计划等方式强制满足项目要求；建设期正式项目发展的关键阶段，需要继续注入大量资金，财政部门此时可联合银行、信托、企业及其他机构和个人投资者通过设置 PPP 项目专项债和融资租赁等方式直接或间接融资；运营期的项目能够产生一定的现金流缓解资金压力，社会资本此时可通过资产证券化全程参与融资；发展状况良好的 PPP 项目可根据自身资质通过 IPO、并购重组或资产交易等方式完成社会资本退出。

2. 规范制度体系

PPP 模式是一种多边合作、相互博弈的模式。因此，有必要建立一个完善的制度，协调不同利益相关者之间的关系，限制和规范所有"越位"行为。让 PPP "有法可依、有法必依"，为 PPP 模式运作成长提供制度性的保障。首先，在制定 PPP 模式相关法律制度时，重庆市政府可通过多种渠道向中央政府和相关部委呼吁建议，要拓宽法律制度的宽度和广度，在全国营造一种完善的 PPP 项目法律环境。其次，重庆市政府在制定地方适用的相关规章制度之前，要全面梳理现存法规制度的内在冲突，厘清 PPP 和特许经营的关系、统一合作期限、前期论证程序、招标采购依据及其他法律适用性等问题，结合地方情况出具实用性强且严格明晰的规章制度；再次，在财政风险控制方面，重庆市政府可参考其他地方性法规或中央文件，制定约束财政风险的硬性指标和风险量化标准，根据项目可行性和发展性分级制定财政补贴标准，防止财政投入过多增加风险；最后，在社会资本方面，借鉴 PPP 发展较好的相关省市地区的宝贵经验，完善政府和社会资本的风险分担与利益分配机制，拓宽社会资本的退出机制。项目招标环节制定公平公正的竞争机制和评估机制，为民营企业和合规私人资本提供更多机会，避免 PPP 项目被国有企业垄断，为 PPP 项目注入更多鲜活的血液。

3. 加快 PPP 领域队伍建设

政府和社会资本合作的项目运作涉及许多方面的专业知识，而熟悉财务、法律、项目管理等方面的复合型人才是 PPP 项目正常运转的基础，是提高公共服务效率的基础。但鉴于我国人才培养体系和 PPP 在我国发展时间较短，这类专业人才十分稀缺，供需严重不平衡。因此加强 PPP 领域队伍建设迫在眉睫。在规划方面，有关部门需加快出台 PPP 专业人才建设规划纲要，地方政府积极响应，出台更加细致的培养和发展规划，将该类人才储备纳入地方中长期发展计划当中；在培养体系方面，遵循"引进来"和"走出去"相结合的方针，依托地方高校、科研院所专设 PPP 人才培养基地，重点培养各专业领域的骨干人才，提升现有的人才质量，同时系统培养新型人才。第一，聘请国内外专家对重点项目的骨干人才及团队进行集中训练，积极吸纳 PPP 领域相关优秀理念、规则及管理方法；第二，坚持"干中学"，派遣重点人员参与国内外发展水平较高的 PPP 项目建设，深入跟进整个建设流程，总结经验教训并为己所用；第三，在高校开设 PPP 项目相关课程，从源头培养增加相关人才数量；第四，对于目前已有的项目，也可大力引进相关专业人才，减少自主培养时间。扶持机构发展和引进综合性相关人才，可使项目准备和实施的过程更加顺畅，更好地实现社会资本、政府及其他 PPP 利益相关者共赢。

10.2.2　PPP 投融资审计的建议

1. 完善审计法规，界定审计范围

国家审计具体来说是对国务院各部门和地方各级人民政府及其各部门的财政收支，国有的金融机构和企业事业组织的财务收支进行监督。甚至在法律界都将国家审计界定为监督政府行为的内部审计。PPP 模式无须重庆市政府投资，改变了投融资体制，从传统观念看，不属于国家审计监督范围。但目前重庆 PPP 模式大多用于公共服务、基础设施等关系到国计民生的项目，从维护国家及地区安全的角度，应重新审视现有法律法规，择机对其进行修订和完善。

2. 明确审计在 PPP 项目中的角色定位

主要概括为前移审计关口，优化审计模式。传统建设项目审计偏重进行事后评价，审计结论虽能为后续项目作出警示、提供经验，但不能起到预防风险、防治腐败的作用。结合重庆市 PPP 项目特点，审计机关应重视 PPP 项目管理的 6 个关键环节。

一是重视 PPP 项目识别过程的审计。根据财政部相关文件规定，适合政府和社会资本合作模式的项目为泛基础设施领域，重点关注基础设施、市政公用等领域。《操作指南》还具体规定了参与方一方必须为县级以上或其他指定的公共事业单位或部门、项目的需求长期稳定、投资额至少 1 亿元、风险能合理分担、双方合作长期稳定等其他要求。此阶段的审计工作应重点关注投资项目是否符合相关规定，进行 PPP 项目的可行性审计。

判断其是否符合市场预测、项目方案是否符合实际需要并排除"明股实债"的变相融资情况。

二是重视 PPP 项目准备过程中的审计。PPP 项目准备过程中需要明确风险分配基本框架、项目运作方式、交易结构、合同体系、监管架构和采购方式。此阶段的 PPP 审计重点应放在项目投资估算和资金审查方面。用投资估算或设计概算来确定项目总投资额，确保估算内容完整、指标选取正确，审计项目建设资金的来源及资金安排，对于政府以存量资产入股项目的情况，还需对其资产价值进行合理评估，如果估算或概算不实，将从根本上影响 PPP 模式的运行效果。

三是重视 PPP 项目实施方案的审计。PPP 项目实施方案涉及很多重要的专业知识，内容包括项目的边界条件、项目概况、项目风险分配框架及运作步骤等。每个实施方案必须根据当时当地当个项目情况并结合国内外优秀样本具体制定。此阶段审计要重点关注项目实施方案的设计是否符合国家规定，是否做到项目边界清晰，规模适度，与土地、环评等前期工作紧密联系，项目本身可融资，与政府有关部门充分沟通等条件。PPP 项目的最终目的是提供公益性的服务，任何社会资本的巨大盈余都必须由公共部门控制，即社会资本不得在项目实施期间产生过高的超额利润。审计机关应审查 PPP 项目的运营计划，以便及时估算项目的投资、运营和维护成本，以便决策者能够采取主动。

四是重视 PPP 项目招标过程的审计。PPP 模式下，政府与社会资本合作，如何选取合适的合作者是核心问题。公开招标作为现有 5 种项目采购方式之一，在促进公平竞争、获得合理价格、减少徇私舞弊等方面具有突出优势。PPP 项目在进行公开招标之前必须是已立项、已入库且已由县级以上人民政府审批的状态。项目招投标过程的审计工作主要审查其招标程序和评标办法是否符合相关规定。此外，施工合同内容是否合法也应列入审计内容当中。审计机关对 PPP 项目的招标过程进行审计，能够及时发现并纠正违纪违规问题，避免不平衡报价导致的"低价中标，高价结算"现象发生，促进政府与社会资本合作公开、公平、公正。

五是重视 PPP 项目内控制度的审计。内控制度确实是企业风险的隐患之一。PPP 模式下政府和社会资本共同成立项目公司，共同推动项目。如果投资主体和建设程序发生变化，社会资本可以从源头上影响投资决策，并获得建设资金。审计机关以风险为导向，对 PPP 项目的内控制度进行审计，重点监督检查项目公司的内控制度是否健全，执行情况是否严密，能够及时控制原生腐败和决策风险，规范项目公司的建设行为，增强项目公司的自我免疫力。

六是重视 PPP 项目履约过程的审计。PPP 项目主要以社会资本投入为主，政府和社会公众不仅关注资金的使用情况，更加注重项目建设质量和建成效果。此阶段审计严格按照项目合同和实施方案，对整个项目的实施效果、财政资金使用情况、税务情况和项目资金安全情况进行审计，最终在项目移交阶段，还需对项目效果、监管成效、公众满意度、可持续性等方面进行审计评价。从而能够提高项目的投资效益，为决策者提供经验参考。

3. PPP 项目全过程跟踪审计评价指标体系

在分析 PPP 项目实施前的现有计划、成本和价格评估报告、财政可承受性论证报告、社会资本采购文件、PPP 投资合同、运维合同和其他相关文件的基础上，结合不同阶段政府服务的功能特点，使用 SMART 原则（专用性、可达性、可测量性、相关性和时效性）提取影响 PPP 项目实施和政府资金运用效果的关键因素，构建出包括前期立项决策、中期监督管理、后期移交评价 3 个维度的 PPP 项目全过程跟踪审计评价指标体系。具体指标选取可关注不同阶段的产出效果、生态影响、可持续性、满意度、资金管理、成本控制、项目实施绩效评价、信息公开、监督管理及其他可反映 PPP 项目实施效果的指标方向。

4. 以国家大数据战略为依托，创新 PPP 项目审计方式

PPP 项目审计的专业性强，目前全国范围内还没有形成成熟的固定模式。但应用大数据平台实现"互联网＋审计"已成为一种趋势。在大数据背景下，国务院明确指出要探索更多途径，将大数据技术有效应用到审计实践中，以加大数据综合收集及整体利用力度。进一步加快"数据审计"向"智能审计"转化，各地方的审计部门需积极引进基于云计算等先进信息技术的审计模型，如"PPP 项目大数据活化模型""智能审计模型"等先进系统，所有直接原始数据可直接获取，将大数据的客观计算、分析与

审计人员的主观判断有机结合，大大降低审计成本、促进资源高效利用的同时，还可做到对 PPP 项目的持续审计和实时监测，提高审计效率。

5. 借助中介机构，完善外包机制，降低核算成本

针对专业人才储备严重不足且短期无法全面了解 PPP 专业知识的情况，借助具有丰富经验的律师事务所、会计师事务所等中介机构外包 PPP 项目审计不失为一种良好的核算方案。在弥补审计人员结构缺陷的同时提高审计独立性。但实践证明，中介机构擅于计量计价，难以适应 PPP 项目的多目标体系审计要求，因此，该方法只作为一种审计方案的补充机制，只适用于短期，同时要建立统一、全面、权威的审计监督体系，加强外包业务管理。

参 考 文 献

[1] 阿尔优鬼. 青海省养老产业 PPP 模式应用研究 [D]. 西宁：青海师范大学，2021.

[2] 白思俊，王保强. 项目评价与项目中评价 [J]. 工业工程与管理，1999（3）：37－39，57.

[3] 鲍国明. 推动理论和实践创新 助力内部审计高质量发展 [J]. 中国内部审计，2022（1）：4－12.

[4] 鲍良，杨玉林. 公共投资项目绩效评价研究与发展 [J]. 资源与产业，2008（2）：54－56.

[5] 鲍良. 公共投资项目绩效评价与管理体系研究 [D]. 武汉：中国地质大学（北京），2008.

[6] 卜昌平，程振纺. 当前基层政府投资项目审计存在的问题及思考 [J]. 审计与理财，2012（8）：23－24.

[7] 蔡今思. 借鉴国际 PPP 运用经验 支持公共基础设施建设 [J]. 中国财政，2014（9）：15－17.

[8] 蔡显军. 政治激励与政府和社会资本合作 [D]. 北京：对外经济贸易大学，2020.

[9] 岑雪婷. 内蒙古地区项目融资问题研究 [D]. 北京：中央民族大学，2010.

[10] 常虹. PPP 模式下的审计 [J]. 审计与理财，2017（5）：14.

[11] 陈丙欣. 加强审计监督 促进 PPP 规范发展 [J]. 审计观察，2018（1）：32－36.

[12] 陈炳立. 施工企业开展 PPP 项目资产证券化的实务问题 [J].

国际商务财会，2021（9）：82-84.

[13] 陈晖. 政府投资项目跟踪审计的实践探讨 [J]. 广西财经学院学报，2013，26（4）：104-107.

[14] 陈柳钦. 国际工程大型投资项目管理模式探讨（二）[J]. 建筑设计管理，2005（3）：58-62.

[15] 陈伦盛. PPP 模式运用的国际经验与中国启示 [J]. 北方经济，2015（7）：78-80.

[16] 陈婉. PPP 管理库环保类项目累计投资额达 5.7 万亿元 [J]. 环境经济，2021（16）：50-51.

[17] 陈雪燕. 我国 PPP 项目资产证券化风险研究 [D]. 杭州：浙江大学，2018.

[18] 陈云. 新医改背景下构建公立医院绩效评价指标体系的思考 [J]. 医学与社会，2011，24（1）：10-12.

[19] 池州市人民政府关于推广运用政府和社会资本合作模式的实施意见 [J]. 池州市人民政府公报，2015（3）：13-17.

[20] 戴健. 防范政府投资项目跟踪审计风险 [J]. 财会研究，2011（10）：62-63，66.

[21] 戴永胜. 浅谈 PPP 项目审计 [J]. 审计与理财，2017（10）：12-14.

[22] 邓明梅. 重庆市基础设施建设中 PPP 模式应用的问题及对策研究 [D]. 重庆：西南大学，2020.

[23] 丁威. PPP 模式下城市基础设施建设风险控制研究 [D]. 杭州：浙江工业大学，2017.

[24] 丁新正. 运用 PPP 机制推动万达开川渝统筹发展示范区公共基础设施建设研究 [J]. 重庆三峡学院学报，2021，37（4）：67-77.

[25] 董琪. 水污染治理 PPP 项目的问题与对策研究 [J]. 中国国际财经（中英文），2018（7）：248-249.

[26] 董文杰. 财政支农政策对城乡经济一体化发展的效应研究 [D]. 重庆：西南大学，2017.

[27] 董亚君，徐洪林. 建筑工程审计中的常见问题及控制 [J]. 中华建设，2012（7）：152-153.

[28] 杜方圆. PPP 模式在河道治理项目中的应用研究——以济南大寺河河道治理综合提升 PPP 项目为例 [J]. 建设监理, 2021 (10): 51 - 53.

[29] 段世霞. 利用 PPP 模式促进中原经济区建设 [J]. 特区经济, 2012 (5): 281 - 283.

[30] 方俊, 任素平, 黄均田. PPP 项目全过程跟踪审计评价指标体系设计 [J]. 审计研究, 2017 (6): 14 - 21, 98.

[31] 房红. 健康中国战略下健康养老产业投融资机制优化研究 [J]. 攀枝花学院学报, 2022, 39 (1): 1 - 11.

[32] 高建秋. 休闲农业投资项目评价指标体系构建研究 [D]. 咸阳: 西北农林科技大学, 2014.

[33] 高泽宇. PPP 协议争端解决机制研究 [D]. 兰州: 兰州大学, 2021.

[34] 高志明. 《条例》的修订对政府投资审计的影响 [J]. 审计月刊, 2010 (9): 25 - 27.

[35] 顾斓婷. 基于 AHP 法的政府投资绩效审计研究 [D]. 昆明: 云南大学, 2015.

[36] 关书宾, 姜承操, 霍志辉. 地方政府融资新模式——PPP 模式 [J]. 金融市场研究, 2015 (3): 37 - 48.

[37] 关于深化投融资体制改革的实施意见 [N]. 北京日报, 2018 - 01 - 27 (3).

[38] 关于推广运用政府和社会资本合作模式有关问题的通知 [J]. 中国政府采购, 2014 (10): 35 - 36.

[39] 广州市人民政府关于创新重点领域投融资机制鼓励社会投资的实施意见 [J]. 广州市人民政府公报, 2017 (7): 1 - 29.

[40] 郭敬帮. 新时代西安市 W 区干部监督工作研究 [D]. 西安: 西安电子科技大学, 2020.

[41] 郭静怡, 江星, 林海承. PPP 项目审计研究 [J]. 当代会计, 2020 (10): 91 - 92.

[42] 国办转发三部委关于在公共服务领域推广政府和社会资本合作模式指导意见 [J]. 预算管理与会计, 2015 (7): 2 - 5.

[43] 国家发展改革委关于开展政府和社会资本合作的指导意见 [J].

全面腐蚀控制，2015，29（2）：7-9.

[44] 国外实行 PPP 模式的经验和启示 [J]. 中国总会计师，2014
（12）：30-32.

[45] 国务院办公厅关于促进开发区改革和创新发展的若干意见 [J].
中华人民共和国国务院公报，2017（6）：97-101.

[46] 国务院办公厅转发财政部发展改革委人民银行关于在公共服务
领域推广政府和社会资本合作模式指导意见的通知 [J]. 交通财会，2015
（6）：81-85.

[47] 何仁贵. 基层审计机关开展政府投资项目绩效审计存在的困难
及对策 [J]. 财经界，2012（16）：254-255.

[48] 何伟. 城市污水处理项目 BOT 运作模式研究 [D]. 成都：西南
交通大学，2007.

[49] 贺欣. 对强化政府投资项目审计的思考 [J]. 时代金融，2016
（12）：224.

[50] 洪迪. 基于 PPP 模式的城市基础设施政府监管机制研究 [D].
重庆：重庆交通大学，2013.

[51] 侯彦温，董国利. 公共事业项目中应用 PPP 模式的思考 [J].
中国经贸导刊，2011（7）：77-78.

[52] 胡伟勋. 基于 GST 的工程造价预测模型研究 [D]. 长沙：中南
林业科技大学，2008.

[53] 黄冰. 我国 PPP 项目审计研究 [D]. 杭州：浙江工商大
学，2018.

[54] 黄俊溢，曹方超. 环保年度关键词 [N]. 中国经济时报，2016-
01-01（13）.

[55] 黄亿佳.《当代中国政治》（节选）汉英翻译实践报告 [D]. 北
京：华北电力大学，2017.

[56] 姬晓梅. 政府与社会资本合作（PPP）项目财政承受能力论证
研究——以 BC 地下综合管廊 PPP 项目为例 [J]. 齐鲁珠坛，2021（2）：
23-26.

[57] 贾冕. PPP 项目融资风险探讨 [J]. 科技经济市场，2020（4）：
80-81.

[58] 蒋云龙. 项目落地　各方满意 [N]. 人民日报, 2016 - 12 - 13 (10).

[59] 柯拥军. 创新运用 PPP 模式　统筹推进项目建设 [J]. 财政监督, 2015 (16)：66 - 69.

[60] 兰刚. 房地产项目前期评估体系应用研究 [D]. 成都：西南交通大学, 2011.

[61] 李得伟. 柏林城市轨道交通规划与运营研究 [J]. 都市快轨交通, 2011, 24 (6)：104 - 106.

[62] 李东升, 朱教国. PPP 模式新问题与新思路 [J]. 新理财 (政府理财), 2020 (4)：66 - 68.

[63] 李洪宇.《项目评估》课程教学改革探讨 [J]. 科技视界, 2012 (30)：55 - 56.

[64] 李蕙. 我国政府绩效审计研究 [J]. 青海社会科学, 2010 (2)：37 - 40.

[65] 李冀鹏. PPP 项目社会资本方选择研究 [D]. 长春：吉林财经大学, 2019.

[66] 李立群. 钜城商业综合体项目开发决策分析 [D]. 长春：吉林大学, 2013.

[67] 李明辉. 审计监督全面覆盖：涵义与实现路径 [J]. 南通大学学报 (社会科学版), 2020, 36 (6)：81 - 91.

[68] 李晓霞. 关于完善政府投资项目效益审计的思考 [J]. 福建财会管理干部学院学报, 2007 (1)：22 - 24.

[69] 李严. 双城区公共基础设施建设中公私合作模式应用问题研究 [D]. 黑龙江大学, 2020.

[70] 李玉涵. 对推广运用 PPP 模式有关问题的探讨 [J]. 国有资产管理, 2020 (12)：33 - 36.

[71] 廖雪梅, 邓友妍捷. PPP 改革为重庆经济发展注入新动能 [N]. 重庆日报, 2016 - 12 - 14 (4).

[72] 林琳. 分析师：调整固资投资项目资本金比例将刺激 3G 网络建设 [N]. 通信信息报, 2009 - 05 - 06 (B11).

[73] 林梅, 詹斌. 政府投资项目审计中存在的问题及对策研究 [J].

审计与理财，2016（8）：24 – 25.

[74] 凌玲. PPP 养老项目全生命周期审计模式研究 [D]. 镇江：江苏科技大学，2017.

[75] 刘彬斌. 建设项目两型化审批指标体系研究 [D]. 株州：湖南工业大学，2015.

[76] 刘彩霞，郭树荣，纪蕾，邢潇雨. 基于 OWA 算子和云物元的 PPP 项目审计质量评价 [J]. 土木工程与管理学报，2018，35（5）：152 – 158，164.

[77] 刘关玉. PPP 模式建设项目审计问题研究 [D]. 昆明：云南财经大学，2018.

[78] 刘翰书. 3 年总投资 3 900 亿　重庆 PPP 改革结硕果 [N]. 重庆商报，2016 – 12 – 14（3）.

[79] 刘航波."五个构建"推进政府和社会资本合作模式 [J]. 中国招标，2014（38）：10 – 11.

[80] 刘洪军，梁林."简约、安全、精彩"办赛要求下北京冬奥会、冬残奥会赛事筹备风险管理研究 [J]. 青少年体育，2021（3）：132 – 134.

[81] 刘骅，陈涵. 政府和社会资本合作（PPP）项目运营绩效审计研究 [J]. 金融理论与实践，2017（6）：45 – 50.

[82] 刘启良. 大型市政工程 BOT 项目广州西朗污水处理工程实施案例 [D]. 成都：西南交通大学，2007.

[83] 刘小敏. 代建制下政府投资项目审计监督研究 [D]. 广州：暨南大学，2009.

[84] 刘小强. 三亚鹿回头湾帆船港建设项目投资风险评估研究 [D]. 青岛：中国海洋大学，2012.

[85] 刘艳. K 变电站建设项目经济评估研究 [D]. 广州：华南理工大学，2012.

[86] 刘艳波. PPP 模式下高速公路建设项目全过程跟踪审计研究 [D]. 昆明：云南大学，2015.

[87] 刘颖. 工程清单计价与传统报价模式比较研究 [J]. 科技创新导报，2011（10）：199，201.

[88] 刘宇欣. 绩效审计操作难点问题研究 [D]. 北京：首都经济贸

易大学，2010.

［89］罗发淦．政府投资建设项目审计监督现状及对策［J］．审计月刊，2004（5）：28 - 29.

［90］罗昊昱．去杠杆对参与 PPP 项目民企的融资影响研究［D］．广州：广东外语外贸大学，2020.

［91］罗顺华，李谷隔．地方融资平台转型发展的问题研究［J］．中国商论，2018（21）：30 - 31.

［92］吕汉阳，姚丽媛．中国 PPP 经验在"一带一路"中的应用［J］．中国招标，2017（41）：4 - 6.

［93］吕伟华．基于 PM 的高校创新实践活动评价体系研究［D］．大连：大连理工大学，2009.

［94］吕亚奇．浅析 PPP 项目融资［J］．中外企业文化，2020（7）：51 - 52.

［95］马浩然．我国 PPP 项目政府审计结果的良性应用——以私权保护为视角［J］．北方经贸，2021（3）：82 - 86.

［96］马潇祎．PPP 项目跟踪审计优化研究［D］．重庆：西南政法大学，2019.

［97］孟春，高伟．PPP 模式的国际经验与启示［N］．中国经济时报，2014 - 05 - 26（5）.

［98］苗霞．区域经济发展视角下的环境绩效审计研究［D］．杭州：浙江工商大学，2010.

［99］缪建龙．PPP 项目全生命周期跟踪审计研究［D］．蚌埠：安徽财经大学，2020.

［100］牧邦恒．试论可行性研究审计［J］．审计与经济研究，1991（3）：26 - 27.

［101］穆尉鹏．PPP 项目融资风险分担机制研究［D］．重庆：重庆大学，2008.

［102］聂威．PPP 模式下的市政公共工程审计现状及注意事项［J］．四川建材，2020，46（12）：219 - 220.

［103］潘建楠，谢异凡．从审计的视角看 PPP 模式各参与方的风险及应对措施［J］．知识经济，2017（9）：59 - 60.

［104］彭尚庚. PPP 投融资模式下公共投资项目绩效审计初探［J］. 财会通讯, 2017（31）: 105－107.

［105］齐培松. 福建多措并举保障 PPP 项目建设用地［N］. 中国国土资源报, 2015－12－04（2）.

［106］全国 PPP 综合信息平台项目库第 4 期季报透视［J］. 中国政府采购, 2016（11）: 5.

［107］桑莉媛. PPP 促进会: 助推山西振兴崛起［N］. 山西经济日报, 2016－10－21（1）.

［108］桑莉媛. 今年我省 PPP 能否迎来大发展［N］. 山西经济日报, 2017－02－27（1）.

［109］邵世芳. 国家审计人员职业道德建设研究［D］. 南京: 南京工业大学, 2016.

［110］佘昭霖. 基于 WSR 的云南省 PPP 项目绩效评价系统研究［D］. 昆明: 昆明理工大学, 2021.

［111］深化投融资体制改革［J］. 财经界, 2016（25）: 35－37.

［112］审计法实施条例［J］. 财会月刊, 2010（10）: 76－79.

［113］盛磊, 杨白冰. 新型基础设施建设的投融资模式与路径探索［J］. 改革, 2020（5）: 49－57.

［114］时现. 公私合伙（PPP）模式下国家建设项目审计问题研究［J］. 审计与经济研究, 2016, 31（3）: 3－9.

［115］史永乐. 新型城镇化背景下南阳实施 PPP 融资模式对策研究［J］. 建筑知识, 2017, 37（6）: 82－84.

［116］市财政局. 呼伦贝尔市 8 项措施全面推进 PPP 工作［N］. 呼伦贝尔日报, 2016－08－02（2）.

［117］宋常, 赵懿清. 投资项目绩效审计评价指标体系与框架设计研究［J］. 审计研究, 2011（1）: 40－46.

［118］孙凌志, 贾宏俊, 任一鑫. PPP 模式建设项目审计监督的特点、机制与路径研究［J］. 审计研究, 2016（2）: 44－49.

［119］孙韶华. 多路万亿级资金加速涌入"两新一重"［N］. 经济参考报, 2020－12－03（2）.

［120］孙晓. PPP 的中国实践: 内涵、困境与出路［J］. 湖北经济学

院学报（人文社会科学版），2018，15（10）：83－86.

[121] 孙志诚. 深化投资体制改革的历史沿革和新特点 [J]. 中国招标，2016（50）：4－7.

[122] 谈萧. 股权分置改革中若干法律问题探析 [J]. 证券市场导报，2005（12）：10－16.

[123] 唐涛. 中经汇成的城乡规划路——访中经汇成（北京）城乡规划设计研究院院长印建平 [J]. 科技创新与品牌，2015（8）：53－55.

[124] 陶青，王丽. PPP 建设项目全过程绩效审计研究 [J]. 财会通讯，2018（28）：104－107.

[125] 陶青. 海绵城市 PPP 项目全过程绩效审计研究 [D]. 镇江：江苏科技大学，2018.

[126] 汪海军. 重庆市 PPP 投融资模式应用研究 [J]. 知识经济，2016（8）：43－44.

[127] 王宝月. 国外 PPP 模式的实践对中国的启示 [J]. 全国商情，2016（19）：102－103.

[128] 王超，宣玉. PPP 模式中政府投资资金监管法律制度研究 [J]. 江淮论坛，2018（1）：103－106.

[129] 王楚珺. PPP 资产证券化实践研究 [D]. 杭州：浙江大学，2018.

[130] 王淳，王景利，杨帆. 浅析金融市场开放下中小型保险公司发展策略 [J]. 边疆经济与文化，2022（2）：53－55.

[131] 王鸿. 固定资产投资审计存在的问题研究 [J]. 经济研究导刊，2007（4）：86－87.

[132] 王华. 小城镇基础设施建设融资模式研究 [J]. 现代商业，2011（14）：163.

[133] 王金萍. 我国城市基础设施 PPP 项目的政府监管问题研究 [D]. 徐州：中国矿业大学，2016.

[134] 王喜峰. 技术经济学前沿研究动态——中国技术经济论坛 2014 年（北京）综述 [J]. 数量经济技术经济研究，2015，32（1）：159－161.

[135] 王晓华. 工行山西省分行行长陆钦：从供给侧改革视角推动 PPP 发展 [N]. 山西经济日报，2018－01－30（5）.

［136］王叶. 政府投融资项目审计风险研究［D］. 重庆：西南交通大学，2019.

［137］王永海. 再论国家治理与国家审计——基于系统论和过程理论的结构功能分析［J］. 财会月刊，2021（20）：3-15.

［138］王予函. 我国 PPP 项目绩效审计机制研究［D］. 重庆：重庆大学，2016.

［139］王子昊. A 商业银行绩效审计研究［D］. 南昌：南昌大学，2019.

［140］魏相军. GZ 公司热镀铝锌硅钢板建设项目可行性研究［D］. 青岛：中国海洋大学，2009.

［141］魏银. PPP 项目融资模式研究［D］. 唐山：华北理工大学，2020.

［142］吴国梁. 厦门市游艇基地项目发展规划研究［D］. 泉州：华侨大学，2012.

［143］吴建国. PPP 项目中融资面临的风险及对策［J］. 中国集体经济，2020（8）：82-84.

［144］向纯. 社会资本方在 PPP 模式下风险管理研究［J］. 中国市场，2020（1）：55-56.

［145］肖楠. 混合所有制改革背景下中国巨石的公司治理研究［D］. 北京：北京交通大学，2015.

［146］熊宓. PPP 模式在海洋产业中的应用研究［D］. 广州：华南理工大学，2017.

［147］胥富春. PPP 模式的若干问题［N］. 平凉日报，2017-10-16（3）.

［148］徐成彬. 深化投融资体制改革的十大变革［J］. 中国工程咨询，2018（3）：24-31.

［149］徐绍史. 完善适应市场经济要求的新型投融资体制机制［J］. 中国经贸导刊，2016（22）：4-6.

［150］徐幸. 关于拓展浙江重大建设项目融资方式的建议——对重庆市及两江新区创新政府项目融资方式的调研报告［J］. 浙江经济，2015（22）：34-37.

[151] 徐彰. PPP 项目国家审计的法律风险及对策分析 [J]. 商丘师范学院学报, 2018, 34 (10): 88-92.

[152] 许亚, 张弛, 夏胜权, 陈丙欣. 公共投资审计视角下的 PPP 模式研究 [J]. 财政研究, 2017 (6): 18-25.

[153] 严文达, 高建成. 山东新推 35 个 PPP 示范项目 100% 落地 [N]. 中国财经报, 2016-07-19 (3).

[154] 严晓健. 公私合作伙伴关系 (PPP) 的应用及审计重点探讨 [J]. 审计研究, 2014 (5): 45-51.

[155] 阎玮斌, 王慧, 罗福周. 国内外常用工程项目管理模式概述 [J]. 建筑经济, 2007 (S2): 87-89.

[156] 阎玮斌. 大型工程项目管理模式探析 [J]. 建材技术与应用, 2010 (12): 40-42.

[157] 杨安云, 李东升, 董理玲. 对推广运用 PPP 模式的有关问题探讨 [J]. 预算管理与会计, 2016 (12): 28-30.

[158] 杨承志. 污水处理 BOT 模式及投资收益研究 [D]. 上海: 上海交通大学, 2008.

[159] 杨凡. 完善公共工程投资项目绩效审计评价指标体系的设想 [J]. 黑龙江对外经贸, 2006 (11): 112-113.

[160] 杨杰. PPP 模式在市政污水处理系统工程建设中研究与应用 [D]. 江西理工大学, 2018.

[161] 杨树维. PPP 实践中存在的问题及对策建议 [J]. 重庆行政 (公共论坛), 2015, 16 (2): 74-75.

[162] 杨洋. PPP 项目投融资管理及风险防范研究 [J]. 财会学习, 2020 (32): 156-158.

[163] 姚萍. PPP 项目跟踪审计研究 [D]. 福州: 福建工程学院, 2019.

[164] 姚宗明. PPP 项目投融资管理的风险和对策 [J]. 产业创新研究, 2020 (11): 35-36.

[165] 叶志伟, 陈子然. 环保类 PPP 项目资产证券化风险研究 [J]. 国际商务财会, 2020 (8): 76-83.

[166] 尹力. 环保类 PPP 项目资产证券化风险研究 [D]. 南昌: 江西

财经大学，2021.

[167] 岳传德. 如何强化 PPP 模式下市政工程跟踪审计浅述 [J]. 绿色环保建材，2016（8）：165 – 166.

[168] 张付民，田尚仁. 永煤公司项目论证管理体系的研究与应用 [J]. 中外企业家，2013（16）：9 – 10.

[169] 张国强. 化工贸易企业存货内部控制体系优化研究 [D]. 宁波：宁波大学，2019.

[170] 张浩，戴铄隐. 海岛整治工程绩效评价指标体系研究 [J]. 海洋开发与管理，2013，30（4）：19 – 25.

[171] 张欢. 基础设施建设 PPP 模式的风险分担机制与国际经验借鉴 [J]. 甘肃金融，2015（1）：54 – 55.

[172] 张际鑫，刘金阳. 浅析 PPP 项目投资控制管理与风险承担 [J]. 时代金融，2018（12）：178 + 182.

[173] 张梦露，田兵权. 优化企业定额的技术经济评价模型研究 [J]. 西部经济管理论坛，2012，23（3）：34 – 36.

[174] 张胜. PPP 模式的发展及其在湖北的应用 [J]. 武汉金融，2015（11）：43 – 45.

[175] 张欣. 我国 PPP 法律问题研究 [D]. 北京：北方工业大学，2019.

[176] 张轩. 火电建设项目绩效评价研究 [D]. 保定：华北电力大学（河北），2008.

[177] 张英丽. 对我国开发区建设中使用 PPP 模式的研究 [J]. 现代经济信息，2015（5）：115，117.

[178] 赵伟莉. PPP，这样赢得社会资本青睐 [N]. 新华日报，2016 – 11 – 28（9）.

[179] 赵卫军. 企业科技情报服务外包的可行性与实施路径分析 [J]. 图书馆学研究，2012（21）：95 – 97，63.

[180] 赵忠坤. PPP（公私合营）项目的绩效评估研究 [D]. 昆明：云南大学，2015.

[181] 浙江省发改委课题组，谢力群. PPP 模式推广运用的问题与对策 [J]. 浙江经济，2016（7）：30 – 33.

[182] 郑德枢. 融入传统管理模式的企业部门 KPI 考核体系的建立 [J]. 科技创业家, 2013 (21): 228, 231.

[183] 郑宽邦. 政府与社会资本合作项目跟踪审计机制研究 [D]. 重庆: 西南政法大学, 2018.

[184] 中共甘肃省委 甘肃省人民政府关于深化投融资体制改革的实施意见 [N]. 甘肃日报, 2017 - 03 - 26 (2).

[185] 中共辽宁省委 辽宁省人民政府关于深化投融资体制改革的实施意见 [J]. 辽宁省人民政府公报, 2017 (13): 2 - 8.

[186] 中共中央 国务院关于深化投融资体制改革的意见 [J]. 交通财会, 2016 (8): 83 - 85.

[187] 中共中央、国务院关于深化投融资体制改革的意见 [J]. 华东科技, 2016 (9): 14.

[188] 中共中央国务院关于深化投融资体制改革的意见 [N]. 人民日报, 2016 - 07 - 19 (1).

[189] 中华人民共和国审计法实施条例 [J]. 海南省人民政府公报, 2010 (Z1): 8 - 13.

[190] 中华人民共和国审计法实施条例 [J]. 交通财会, 2010 (3): 85 - 90.

[191] 中华人民共和国审计法实施条例 [J]. 辽宁省人民政府公报, 2010 (5): 25 - 35.

[192] 中华人民共和国审计法实施条例 [J]. 宁夏回族自治区人民政府公报, 2010 (8): 8 - 14.

[193] 中华人民共和国审计法实施条例 [J]. 山东政报, 2010 (8): 4 - 9.

[194] 中华人民共和国审计法实施条例 [J]. 司法业务文选, 2010 (10): 3 - 14.

[195] 中华人民共和国审计法实施条例 [J]. 冶金财会, 2010, 29 (4): 46 - 47.

[196] 中华人民共和国审计法实施条例 [J]. 中国工会财会, 2010 (4): 60 - 64.

[197] 中华人民共和国审计法实施条例 [J]. 中国审计, 2010 (5):

25 – 29.

［198］周一春. 基于平衡计分卡的环保 PPP 项目绩效评价指标体系设计［J］. 西部财会，2016（7）：39 – 41.

［199］朱虹. 资产证券化助推园区 PPP 模式［N］. 中国企业报，2017 – 03 – 07（7）.

［200］朱劲蓉. 私募基金参与上市公司并购重组的退出方式研究［D］. 昆明：云南大学，2015.

［201］朱文博. 土地一级开发项目模式优化研究［D］. 青岛：青岛大学，2018.

［202］宗禾. 财政部发出 PPP 总动员［N］. 中国财经报，2014 – 09 – 27（1）.

［203］邹丽敏，易永秀. 新《中华人民共和国审计法实施条例》的几大关注［J］. 商业经济，2010（23）：49 – 50，102.

［204］邹裕. 我国政府投资项目绩效审计问题探析［D］. 南昌：江西财经大学，2014.

［205］左青波. PPP 模式在城市生活垃圾处理中的应用研究［D］. 重庆：重庆大学，2008.